E. AUBERT

UNE ŒUVRE

DE

RÉGÉNÉRATION SOCIALE

ET DE SALUT NATIONAL

PARIS

Librairie E. ANDRÉ FILS

6, RUE CASIMIR-DELAVIGNE

PRIX : 1 franc.

UNE ŒUVRE

DE

RÉGÉNÉRATION SOCIALE

ET DE SALUT NATIONAL

PAR

E. AUBERT

Docteur ès sciences, Professeur au Lycée Charlemagne.

PARIS

E. ANDRÉ FILS, Éditeur

6, RUE CASIMIR-DELAVIGNE, 6

AVANT-PROPOS

Les hommes de bon sens et d'expérience qui scrutent, depuis quelque 50 ans, la mentalité du peuple français ; ceux qui consentent à se dégager, à cet égard, d'un optimisme de commande bien souvent, pour analyser avec sincérité et pondération les événements contemporains ; les esprits dédaigneux des misérables convoitises, qui considèrent l'intérêt général comme devant primer toujours les intérêts particuliers et règlent leurs actes sur ce principe : tous ces hommes de raison ne peuvent se défendre d'un trouble profond en envisageant l'avenir.

Leur émoi n'est-il pas justifié certes : par l'évolution déréglée, chaotique en quelque sorte, des idées à l'époque actuelle ; par l'absence de grandeur morale et de caractère, non seulement dans les masses populaires, mais aussi parmi les classes dirigeantes ; par la variation incessante des opinions individuelles exclusivement réglées sur celles qui prévalent parmi les puissants du jour ; par le déchaînement incroyable des passions et des appétits sans cesse croissants ; par la peur de la lutte et des responsabilités à l'égard des éléments destructeurs de l'individu, de la famille, de la société, de la patrie enfin ?

Depuis plusieurs années, des hommes d'énergie ont pris l'initiative d'éclairer le pays sur la situation périlleuse que lui créent de multiples agents de désagrégation sociale et nationale. Combien peu ont répondu à leur appel suprême !

Et cependant il y a urgence à refaire à notre cher pays un cœur qui vibre, une âme qui sente, un cerveau qui comprenne, réfléchisse et prenne de mâles résolutions ; le salut est à ce prix.

Les moyens d'y parvenir sont variés ; employons-les simultanément, poursuivons de mille manières l'œuvre de délivrance.

Notre modeste brochure traite de l'un de ces moyens : l'antialcoolisme. Puisse-t-elle, en pénétrant jusqu'à la moindre chaumière, secouer la torpeur de nos concitoyens, les amener à une conception plus nette de leurs devoirs et les déterminer à les accomplir, car

« La patrie est en danger ».

E. AUBERT.

Paris, 8 novembre 1910.

INTRODUCTION

A la date du 1er mars 1909, M. le ministre de l'Instruction publique prescrivit une enquête sur les résultats de l'enseignement antialcoolique dans les écoles primaires publiques de France, conformément à un questionnaire établi par le regretté M. Cheysson et moi.

MM. les recteurs furent priés de faire connaître de quelle manière se manifestait, au point de vue de cet enseignement, l'initiative des maîtres et les résultats tangibles qu'elle pouvait avoir fournis.

Le travail qui suit résulte de l'examen particulier et minutieux de 65,000 dossiers, réponses au questionnaire ci-dessous.

Par elle-même et par le détail des questions posées, cette enquête a eu pour résultat primordial de faire apprécier plus nettement, par les instituteurs, le bien-fondé et l'extrême nécessité de la lutte antialcoolique à laquelle ils participent, et aussi de révéler à nombre d'entre eux, en cette matière, des horizons et des connexions qu'ils n'avaient pas soupçonnés.

QUESTIONNAIRE

I. — ACTION SCOLAIRE

a) En quoi consiste l'enseignement antialcoolique à l'école primaire (garçons)?

b) En quoi consiste-t-il à l'école primaire (filles)?

c) Imprégnez-vous votre enseignement général de notions antialcooliques en mettant à profit toutes les occasions favorables, ou bien vous bornez-vous à des exercices antialcooliques (dictées, problèmes, exercices de composition française, etc.), à intervalles périodiques?

d) Comment donnez-vous l'enseignement ménager?
Comment est-il organisé?
Nombre des leçons?
A quelles élèves s'adresse-t-il?
Nombre moyen de ces élèves?
Résultats obtenus de la part des élèves et de leurs familles?

e) Possédez-vous un champ d'expériences agricoles?
Résultats?

II. — ACTION POST-SCOLAIRE

a) Sous quelle forme se donne l'enseignement antialcoolique dans les cours d'adultes?
Nombre d'élèves suivant ces cours?

b) Réunions du dimanche en vue de conférences, de lectures commentées, d'appréciations sur les événements suscités par l'alcoolisme, de séances récréatives (phonographe, cinématographe, pièces de comédie, monologues, etc.).

c) Expositions de dessins d'objets manufacturés par les enfants, de vêtements, objets de couture ou de broderie, etc.
Combien de fois par an ces réunions et expositions?
Nombre moyen d'assistants?

Enseignement ménager :
Cours de cuisine?
Cours de coupe des vêtements?
Tenue du ménage?
Notions agricoles?
Jardin, rucher, basse-cour, etc.?

Soins à donner aux enfants?
Premiers soins à donner aux malades?
Œuvre du trousseau?
Son organisation?
Résultats?

III. — MOYENS INDIRECTS DE COMBATTRE L'ALCOOLISME

a) Sociétés de gymnastique, d'escrime, de tir?
b) Sociétés musicales (chant, fanfare)?
c) Mutualités?
Institutions de prévoyance?
La clause de tempérance (engagement d'abstinence des spiritueux) est-elle inscrite dans les statuts de ces sociétés?
d) Visites :
aux usines et ateliers?
aux exploitations agricoles diverses?
Organisation de ces visites et sous quelle direction?

IV. — OBSERVATIONS GÉNÉRALES DU MAITRE

OBSERVATIONS PRÉLIMINAIRES

1° Valeurs des éléments d'information.

D'ordinaire, le rapporteur d'une œuvre générale commence par en faire saillir les mérites, puis il en accuse plus ou moins discrètement les côtés faibles.

Or, le but de cette enquête est :

a) D'*étudier le mal*, à savoir : rechercher l'origine, les causes de l'extension de l'alcoolisme dans le pays ; préciser autant que possible l'importance du mal et son rapport avec les diverses conditions de milieu ;

b) De *chercher les remèdes* et d'*en assurer l'application*, c'est-à-dire contrôler l'efficacité des moyens employés jusqu'ici pour combattre l'alcoolisme dans les villes et les campagnes, les milieux agricoles et les centres industriels ; tenter de perfectionner ces moyens en vue d'accélérer la marche vers le but poursuivi.

Une pleine lumière doit donc être jetée au préalable sur la valeur de nos éléments d'information, la certitude ou la probabilité des déductions auxquelles ils nous conduiront.

On ne peut s'attendre évidemment à des résultats d'une rigueur mathématique, car des éléments *formels* d'appréciation font défaut :

1° Il faudrait que l'on connût, commune par commune, les nombres exprimant la variation de la consommation de l'alcool durant une période déterminée; or cette indication ne peut s'extraire des quelques statistiques officielles actuelles, puisque leurs résultats (problématiques d'ailleurs) s'appliquent à une région fort étendue dans laquelle se trouve noyée la commune, petite sphère d'action du maître informateur. A ce point de vue déjà, c'est par la sympathie que son enseignement inspire aux populations que l'instituteur peut seulement apprécier l'efficacité de son œuvre.

2° Les maîtres consultés n'ont ni le même caractère, ni le même élan ; chez certains, l'enthousiasme est parfait, dicté par une foi profonde qui leur fait accomplir des merveilles (c'est le petit nombre) ; chez d'autres, le pessimisme domine ou le découragement dû : soit aux difficultés qu'ils n'ont su ou pu vaincre, soit à l'insuffisant appui ou même à la défection de l'autorité quand ils ont été en butte aux ennuis pour avoir accompli leur devoir avec zèle ; d'autres, enfin, font preuve d'une indifférence regrettable, parfois due à leur ignorance réelle ou intéressée des faits qu'ils ont la charge d'enseigner.

La valeur de leur témoignage dépend donc beaucoup de leur culture intellectuelle propre, mais aussi de leur expérience, de leur faculté d'observation et de jugement, de leur séjour plus ou moins prolongé dans la commune où ils professent, etc.

2° Valeur réelle des résultats.

Ces objections préalables ont-elles donc pour conséquence de frapper de discrédit les résultats de l'enquête ou, tout au moins, d'en diminuer la portée ? Nullement, et l'exposé qui suit suffira, je pense, à en prouver la valeur.

Le souci, pour le rapporteur, de courir au-devant des critiques lui est venu de l'accent de sincérité accusé par la très grande majorité des déposants, lesquels ont tenu à faire connaître scrupuleusement (parfois avec une modestie exagérée) les effets de leur enseignement.

Un point important encore à mentionner : si certaines dépositions revêtent un caractère local (très précieux cependant), d'autres embrassent avec justesse et largeur de vues beaucoup des points intéressant l'ensemble de la question.

Le groupement logique des *desiderata* formulés dans cette collection de documents peut donc être à bon droit considéré comme l'expression réelle des nécessités impérieuses de l'heure présente, en antial-coolisme.

Ces vœux, émanant d'un véritable **referendum** *auprès des* **éducateurs français** *en rapport intime et quotidien avec la masse du peuple (referendum auquel chacun a répondu dans toute la plénitude de sa conscience et de son indépendance), me paraissent solliciter l'attention expresse des pouvoirs publics, nécessiter un débat suivi aux Chambres en vue d'aboutir à un ensemble de prises en considération sous forme d'arrêtés ou de lois, dont* **l'application prompte et rigoureuse** *est* **indispensable au salut du pays.**

Nos éducateurs le déclarent formellement :

« Dans la classe ouvrière, dit l'un des plus réputés, il semble que chacun soit possédé de la fureur de jouir de tous les plaisirs, mais principalement des sensations perfides que procure l'alcool. Le salaire entier y passe ; tant pis !.

« C'est là une des conséquences inéluctables d'une marche plus rapide du progrès dans l'ordre matériel que dans le domaine moral et éducatif.

« Quelle digue peuvent opposer à ce concours formidable d'appétits les leçons et les conseils de l'instituteur ? Par devoir professionnel, par patriotisme, celui-ci luttera sans défaillance contre le terrible cancer qui ronge la race et en compromet la vitalité ; aux siens s'unissent les efforts des sociétés de tempérance ; mais le véritable remède pour enrayer le fléau avec chance de succès n'est pas entre ses mains ; il est de toute nécessité que les pouvoirs publics prennent part énergiquement à la lutte. » (Un instituteur de Meurthe-et-Moselle.)

I

L'ALCOOLISME.

§ 1. — SES CAUSES.

> Avec les progrès de la science et du machinisme, l'homme tend à n'être plus que l'œil qui voit et la main qui dirige ; d'où son énorme responsabilité parfois (chemins de fer, navigation, usines, ateliers, etc.).
> L'alcoolique est devenu non seulement un incapable, mais un être dangereux.

Les causes primordiales du rapide développement de l'alcoolisme en France depuis un demi-siècle nous semblent être :

I. — Des *causes accidentelles*, toutes fortuites en quelque sorte :

la destruction de nos vignobles par le phylloxera de 1868 à 1885 ; le traité de Francfort, comme corollaire de la guerre de 1870, qui a eu comme suite la production, en Allemagne, d'une quantité considérable d'alcools industriels, inondant nos marchés au moment même où les vignes françaises ne produisaient plus qu'une quantité de vin insuffisante pour les besoins de la consommation.

II. — Des *causes économiques*, à savoir :

l'extension du réseau des voies ferrées et la multiplicité des moyens de communication, qui ont facilité la diffusion des produits de la distillation jusque dans les hameaux les plus reculés ; les défectuosités de l'organisation du travail, en général ; la désertion des campagnes et surtout l'industrialisation de la femme, ayant pour résultat la destruction de la vie

familiale dans les centres ouvriers plus particulièrement.

III. — Des *causes psychologiques* telles que :

l'amoindrissement du sens moral, la dépravation
de la sensibilité dus : à l'oisiveté et l'ennui pour les
uns, trouvant au café la seule forme de vie sociale
en accord avec leur inepte nonchalance ; à la mauvaise éducation du plus grand nombre qui, sans
volonté, cèdent à tous les entraînements ou suivent,
par ignorance, les préjugés d'une détestable rou-
tine.

Les divers points de cet aperçu sommaire appellent
quelque développement.

I. — Causes accidentelles de l'alcoolisme.

Nos vignobles fournissaient, en général, au siècle
dernier et jusqu'au moment de l'invasion phylloxérique, une quantité de vin largement suffisante pour
les besoins de la population française, quantité à laquelle s'ajoutaient le cidre et la bière plus particulièrement consommés dans les régions de l'Ouest et du
Nord (toutes *boissons alcooliques fermentées* d'ailleurs).

La production des *eaux-de-vie* et leur consommation étaient fort restreintes (1).

Survinrent coup sur coup : l'*invasion phylloxérique*
qui détruisit les vignobles du Midi avec une déconcer-
tante rapidité ; la *guerre franco-allemande* suivie du
traité de Francfort qui ouvrait en faveur de l'Allemagne, non seulement une large brèche à notre frontière de l'Est, mais tous nos marchés avec des avantages économiques considérables.

(1) Toutefois, en 1853 et durant les années suivantes, l'apparition et le développement de l'*oïdium* ayant compromis
dans une forte proportion la récolte de nos vignobles, on
peut constater que la consommation des eaux-de-vie aug-
menta dans une sensible proportion.

Le vin faisant défaut à la population ouvrière qui le considérait comme un aliment de première nécessité, d'une part ;

les distilleries allemandes produisant à profusion des alcools industriels dont elles inondèrent nos marchés, d'autre part ;

l'ouvrier des centres industriels et des villes, d'abord, s'habitua à remplacer les boissons fermentées, dont il s'accommodait à peu près exclusivement auparavant, par ces alcools de provenance parfois innommable, rendus alléchants par telle ou telle brillante couleur, aromatisés par des essences convulsivantes ou stupéfiantes, par des bouquets issus d'une savante et néfaste industrie chimique nouvelle.

Le poison, une fois dans la place, la tache s'en accrut rapidement, hélas ! avec ses déplorables effets : après l'ouvrier, ce fut sa famille qui s'alcoolisa, puis le travailleur des champs, jusque-là remarquable par des habitudes de frugalité et d'économie, encore assez peu atteint toutefois à l'heure présente.

II. — Causes d'ordre économique.

a) Au premier rang des causes économiques d'extension de l'alcoolisme, je crois devoir placer le développement du réseau des voies ferrées et, d'une manière plus générale, la *multiplicité des moyens de rapide communication* qui facilite la pénétration, jusqu'au moindre hameau, des beautés mais aussi des laideurs de la civilisation (celles-ci plus rapidement que celles-là).

En matière d'alcoolisme, les habitudes vicieuses du citadin ont gagné le campagnard par ces multiples voies ; et comme, si ce dernier consent à faire quelque folie, l'esprit d'économie le dominant encore, il tient à ce que cette folie lui revienne au meilleur compte, c'est le plus souvent des produits les moins coûteux (partant les plus abjects) de la distillation qu'il use en s'empoisonnant.

Cette contamination alcoolique du paysan est favorisée par la *désertion des campagnes*, *l'exode temporaire ou définitif du campagnard vers la ville ou l'usine*.

Attiré par l'espoir d'un salaire plus élevé, devant lui procurer (il le croit du moins) une quiétude que ne lui donnait pas le travail des champs, le paysan contracte, dans son nouveau milieu d'élection, des habitudes d'intempérance et de débauche ; cédant aux multiples tentations qu'il ignorait au pays natal, il s'abandonne aux fatales passions en raison directe de son inexpérience ; il oublie vite les traditions familiales jusqu'alors respectées, la vie douce et fructueuse d'antan ; mais combien vite aussi lui viendront les déceptions ?

(Cet exode s'observe plus particulièrement dans les pays de montagnes : les départements des Hautes et Basses-Alpes, des Hautes-Pyrénées, de la Lozère, de la Creuse et de la Corrèze.)

Le *passage par la caserne* met aussi sous les yeux des jeunes gens des exemples fâcheux que beaucoup imitent un jour ou l'autre.

b) *La population ouvrière des centres industriels est, en quelque sorte, le bouillon de culture de l'alcoolisme,* parce qu'elle jouit peu des avantages, des douces satisfactions morales que procure la vie familiale.

Aussi longtemps que ne seront pas améliorées les conditions économiques, pour permettre à tout ouvrier consciencieux de subvenir seul à l'entretien des siens ; *aussi longtemps que la femme, que la mère, sera contrainte de travailler au dehors pour acquérir le supplément de salaire indispensable aux dépenses* régulières du ménage, l'intérieur risquera d'être mal entretenu, *la vie familiale sera impossible et le cabaret exercera sur le père son action fascinatrice* (1).

La mésentente surviendra à bref délai, suivie de la misère, cette grande pourvoyeuse de l'alcoolisme.

Vienne le jour où l'ouvrier des villes aura, comme le paysan, avec un salaire rémunérateur, une maison gaie, un jardinet lui assurant une alimentation suffisante et rationnelle, des lieux de réunion autres que les cafés, des distractions saines et délicates : l'ivrognerie, l'alcoolisme verront le nombre de leurs adeptes diminuer ; le foyer redeviendra le centre attractif pour tous les membres de la famille, à commencer par son chef qui vit trop hors de l'orbite familial.

N'est-ce pas toute la question sociale qui se pose ici ?

La cause du développement de l'absinthisme en Algérie est assez intéressante pour mériter ici une mention spéciale ; elle est tirée de la déposition de M. Donot, instituteur à Boukanéfis (département d'Oran).

« L'alcool tue plus d'hommes que l'épée », disait le maréchal Bugeaud ; c'est que, au moment de la conquête de l'Algérie, le vin étant introuvable ou hors de prix, les soldats comme les premiers colons n'avaient à leur disposition que les eaux malpropres et répugnantes des oueds. Puisées le matin, ces eaux sont corrompues le soir ; force était donc de les addi-

(1) Le besoin (peut-être aussi l'appât inconsidéré d'un gain facile) ne pousse-t-il pas nombre de jeunes femmes de la Normandie, du Nivernais, etc., à quitter leur famille pour se placer comme nourrices à Paris ou dans les grandes villes ? Leur maison est laissée à l'abandon, l'homme seul, les enfants en garde chez les voisins ! N'ayant plus aucun attrait, le foyer est déserté par le mari qui devient le client assidu de l'auberge et y noie son ennui.

tionner d'alcools aromatiques, sous prétexte de les assainir, à la vérité pour corriger leur mauvais goût : de là l'usage habituel et immodéré de l'absinthe dans la colonie. »

« En 1879-1881, le vin coûtait 65 centimes le litre, en moyenne ; l'absinthe prise en fûts revenait à 80 centimes. Aussi les colons occupant un personnel nombreux faisaient-ils de grosses provisions de la liqueur verte, trouvant une économie sérieuse à noyer, avant le repas, l'estomac de leurs ouvriers altérés, pour diminuer la consommation du vin à table. »

« Depuis une quinzaine d'années, les conditions économiques ont changé ; les centres de colonisation anciens et nouveaux sont presque tous dotés de canalisations apportant une eau saine et agréable au goût ; le vin, récolté en abondance, revient à 10 centimes le litre au détail, et la consommation des apéritifs a considérablement baissé. »

« L'enseignement antialcoolique, aidé par le concours des circonstances précédentes, est venu à son heure, contribuant à éloigner le consommateur des liqueurs fortes. Toutefois, si l'abus est atténué, l'habitude de boire une absinthe avant le repas n'a pas complètement disparu, tant est puissante la force de l'entraînement. »

III. — Causes d'ordre psychologique.

« L'alcoolisme, écrit une institutrice, me paraît dépendre très souvent des mauvais exemples dans la famille ; d'autres fois, il est héréditaire ; quelques-uns le contractent par le désœuvrement qui les pousse à la terrasse d'un café ; d'autres satisfont une sensualité particulière ; d'aucuns cherchent dans l'ivresse l'oubli des détresses de l'existence (souvenirs douloureux, présent difficile, avenir menaçant, peines intimes, remords peut-être).

« *Mauvaise éducation, hérédité, sensualité, lâcheté, manque d'élévation dans les sentiments, ignorance des jouissances d'ordre élevé...,* autant de voies par lesquelles l'alcoolisme s'infiltre dans la famille, dans la société, abrutissant les civilisés comme les sauvages.

« Il nous faut donc **relever le niveau moral du peuple** en commençant par les petits, faire des âmes sensibles, des esprits distingués et délicats, des caractères fermes et droits, capables d'apprécier les plus pures joies et de réprouver les excitations aux mauvais instincts. »

Ce relèvement du niveau moral du peuple, le regretté M. Cheysson le poursuivait dans la *restauration du foyer* avec ses traditions fondamentales : l'amour et le respect des enfants, l'autorité des parents.

§ 2. — Autres facteurs de l'alcoolisme.

Les plus importants de ces facteurs me paraissent être :

La *fréquentation nulle ou irrégulière de l'école,* par les enfants et les adolescents ;

La *faiblesse de l'autorité gouvernementale et l'inertie intéressée des autorités locales,* en ce qui regarde l'application des lois sur l'ivresse et la folle multiplication des débits de boissons ;

Le maintien injustifiable du privilège des bouilleurs de cru, qui favorise au plus haut point la fraude avec l'alcoolisme familial ;

L'indulgence excessive de la magistrature à l'égard des délinquants et des criminels ayant accompli leurs méfaits en état d'ivresse manifeste ;

L'excès d'humanitarisme qui encourage le vice.

Au début de cette étude, je laisse volontiers la parole à M. l'instituteur de Saint-Bonnet-le-Château qui s'exprime ainsi dans son rapport en résumant convenablement la question :

« Notre influence ne peut s'exercer efficacement que sur les enfants ; et même souvent l'exemple pernicieux de la famille, appuyé par la faiblesse maternelle, détruit tous nos efforts. Mais je ne vois, dans cette impuissance relative. qu'un stimulant dans la lutte, à condition toutefois que le Gouvernement prenne, de son côté, des mesures énergiques contre ce terrible fléau national : interdiction de l'absinthe, surveillance rigoureuse de la fabrication et de la vente des liqueurs, application stricte de la loi sur l'ivresse, limitation du nombre des débits, suppression du privilège des bouilleurs de cru, poursuites sévères contre les fraudeurs et les contrebandiers, disparition totale des comptoirs, buvettes, bars ou établissements similaires, dont l'utilité est absolument contestable : ce sont, pour la plupart, des foyers de vice, des centres de paresse, souvent des sanctuaires de débauche et de misère.

« Pourquoi ne pas exiger aussi un casier judiciaire vierge et un certificat de moralité, de la part de ceux qui ouvrent un débit ? Quand il s'agit de la santé publique, de la vitalité et de la force morale et matérielle d'un peuple, la licence peut-elle s'appeler liberté ? »

Or, les lois sont lettre morte ou appliquées de façon dérisoire.

I. — Fréquentation nulle ou irrégulière de l'école.

Les instituteurs en grande majorité se plaignent amèrement de l'inapplication de la loi du 28 mars 1882, relative à la fréquentation scolaire.

J'enregistre, à ce sujet, quelques-unes des protestations les plus éloquentes :

« L'éducation des enfants est tellement négligée dans les familles, écrit un instituteur des Sables-d'Olonne, les mauvais exemples sont si fréquents que les jeunes gens ont sous les yeux, les habitudes de corruption et de débauche sont telles que toute réaction me semble à peu près impossible contre ces penchants déplorables, dans l'état actuel des choses du moins. Il est malheureux de constater que, vingt-sept ans après le vote de la loi sur l'instruction obligatoire, plus de vingt garçons de six à treize ans ici ne fréquentent aucune école, plus de quarante autres ne viennent en classe que si tel est leur bon plaisir. c'est-à-dire presque jamais. Abandonnés à eux-mêmes, ces malheureux enfants prennent l'habitude de tous les vices, les parents s'en moquent et l'instituteur se désole en vain. »

« Nous ne doutons pas, dit une institutrice de l'Isère, en ce qui nous concerne, de l'importance du rôle qui incombe aux futures maîtresses de maison dans la sérieuse constitution de la famille ; mais l'école primaire ne peut faire assez d'abord parce qu'elle n'est que primaire, puis parce qu'on n'y vient pas toujours. Certains enfants de parents alcooliques ne fréquentent aucune école, malgré les objurgations. Aussi, parmi d'autres *desiderata*, nous émettons le vœu que la loi sur l'obligation scolaire soit appliquée, que l'âge de la scolarité soit reculé jusqu'à seize ans et que le mode des demi-journées d'apprentissage soit établi, comme en Allemagne, »

La note est courante qui signale l'irrégularité de la fréquentation de l'école par les enfants des familles peu aisées et nombreuses, familles où sévit le plus l'alcoolisme, milieux où précisément devrait s'exercer d'une manière plus vivante l'action antialcoolique.

« Ces enfants quittent l'école d'avril à décembre pour se louer à des cultivateurs et nous ne pouvons avoir sur eux qu'une très faible influence, » dit un maître du département de la Loire.

« Les commissions scolaires chargées de surveiller l'exactitude des enfants en classe ne remplissent pas leur fonction, si bien que ces derniers s'absentent pour les motifs les plus futiles : rentrée de bois de chauffage, aide aux parents, nettoyage de voitures, rabatteurs de gibier, porteur de gibecières, etc. » accuse un instituteur du Puy-de-Dôme.

Dois-je ajouter que des mères, désireuses de boire de l'alcool et n'osant aller le chercher elles-mêmes au débit, gardent leurs enfants d'âge scolaire pour remplir cette triste mission ? Ces derniers observent le silence envers le père à ce sujet, parce que la mère *doublement indigne* les fait participer à la consommation et leur fait contracter, dès le jeune âge, la passion de l'alcool. Ceci se passe fréquemment en Normandie.

« Je connais des enfants de douze ans qui absorbent facilement un quart de litre d'eau-de-vie par jour, » déclare un instituteur du Calvados.

II. — Faiblesse de l'autorité gouvernementale.
Inertie des municipalités.

Deux lois fondamentales ont été édictées en vue d'enrayer les progrès de l'alcoolisme :

La *loi du 23 janvier* 1873 concerne la répression de l'ivresse publique ; elle précise les pénalités encourues : par les individus trouvés en état d'ivresse manifeste en tous endroits publics ; par les cafetiers, cabaretiers et autres débitants, ayant donné à boire à des gens manifestement ivres, ou servi des liqueurs alcooliques à des mineurs âgés de moins de seize ans ; gardes champêtres et autres officiers de police judiciaire sont chargés de rechercher les infractions à la présente loi et de dresser procès-verbal aux délinquants.

La *loi du* 17 *juillet* 1880 prescrit les conditions dans lesquelles peuvent être ouverts cafés, cabarets et débits de boissons. Les articles 5, 6 et 7 de cette loi précisent les catégories d'individus ne pouvant exercer la profession de débitant ; l'article 9 enjoint aux municipalités de prendre les arrêtés qui déterminent les distances minima auxquelles cafés et débits devront être établis par rapport aux édifices consacrés aux cultes, aux cimetières, aux hospices et établissements d'instruction publique.

Ces lois, protectrices de la santé et de la moralité publique, sont tellement tombées en désuétude qu'une *circulaire* de M. le ministre de l'Intérieur, en date du 16 *mars* 1907, a dû rappeler aux municipalités leurs devoirs concernant la répression de l'ivresse et la limitation des débits:

Or, elles se comptent à l'heure actuelle *par unités*, les municipalités qui ont fait cas de cette intervention officielle assez anodine ; par contre, se chiffrent *par milliers* les protestations des instituteurs contre une telle situation, car « nous connaissons le nombre et l'âpreté des intérêts particuliers ligués ici contre l'intérêt général ; ces intérêts particuliers sont des puissances électorales redoutables, et nous sommes une démocratie imparfaite, dominée par des soucis électoraux. » (M. Joseph Reinach. — Discours à la Sorbonne, 23 janvier 1910.)

« La loi de 1873, écrit un instituteur du Jura, est encore moins appliquée que la loi sur la fréquentation scolaire qui l'est pourtant fort mal ; les autorités poursuivront peut-être un retard de dix minutes dans la fermeture d'un café, mais personne ne songe à sévir contre un cabaretier, qui emploie toutes sortes de moyens pour faire boire le client et ne laisse les gens tranquilles que lorsqu'ils sont tombés ivres-morts.

« Ces cabaretiers sans scrupules dépensent leur influence contre le maître sobre qui cherche à soustraire les jeunes gens à leur action néfaste. »

« La loi de 1873 est inapplicable dans les communes rurales, déclare un maître du Puy-de-Dôme : le garde champêtre ne peut sévir, pour des raisons qui sautent aux yeux. Pour appliquer rigoureusement la répression de l'ivresse publique, créez des *brigades volantes d'agents cyclistes* nommés par le pouvoir central et totalement *inconnus de la population*. La loi du 17 juillet 1880 fournit, par l'article 9, le moyen de restreindre, pour une certaine part, la consommation des boissons alcooliques, en entravant la création de nouveaux débits ; et encore faut-il ajouter que le législateur de 1880 a surtout obéi à des préoccupations de convenance en édictant cette prescription, de telle sorte que, fût-elle appliquée, cette mesure demeure insuffisante. Le mal est trop profond pour que des mesures radicales ne s'imposent pas à brève échéance :

« Achat par l'État de tous les appareils et de toutes les fabriques d'appareils de distillation.

« Fabrication par l'État des alcools et réglementation de la consommation, le surplus de la production étant dénaturé en vue des usages industriels.

« Vente de l'alcool à un prix prohibitif pour les classes pauvres. »

« Tout irait mieux, dit un maître des Deux-Sèvres, si les maires des communes rurales permettaient à leurs gardes champêtres de surveiller les cafés ; il n'est pas permis au garde, ici, de verbaliser contre un ivrogne qui fait du bruit et insulte les honnêtes gens. La gendarmerie devrait avoir une prime spéciale pour chaque procès fait aux alcooliques, et accomplir des tournées le dimanche soir jusque dans les communes les plus reculées soumises à la surveillance de chaque brigade. »

TROP DE DÉBITS : tel est le cri général, presque unanime des maîtres ; ceux qui ne l'ont pas proféré dans leur déposition ayant porté leur attention sur d'autres points plus ou moins connexes.

L'occasion fait le larron, et la moindre enseigne attire l'étourdi ou le buveur invétéré, comme la flamme attire le papillon.

Certaines observations locales permettent souvent de juger des faits d'ordre général ; j'en veux citer, pour preuve, celui-ci concernant un coin de l'Auvergne :

« A mesure que le nombre des débits augmente, celui des clients de chacun diminue et par suite les recettes. Il faut cependant payer le fisc, il faut vivre ; comment faire pour attirer le client ?... On demande au député la création d'une foire, d'un marché. — La foire est instituée, le marché aussi : Résultat ? Nos débitants vendent quelques verres de plus, mais l'agriculture perd des milliers de journées et nos naïfs cultivateurs s'alcoolisent, s'absinthisent un peu plus ; sans compter que la multiplication des foires et des marchés rend les transactions de plus en plus difficiles. Le législateur qui supprimerait des milliers de foires sans importance rendrait un signalé service à l'épargne et à la moralité publiques. »

Le cabaret est souvent aussi l'officine où naît, s'organise, se maintient longtemps une cabale qui triomphe aux dépens des intérêts de toute une commune, aux dépens aussi des intérêts du malheureux fonctionnaire qui, s'avisant de lutter contre l'ivrognerie, devient du coup formellement antipathique.

III. — **Maintien injustifiable du privilège des bouilleurs de cru.**

Que peut bien être un privilège en matière d'alcoolisme ? Cela peut-il être autre chose qu'une lamentable absurdité ? Pourquoi les agriculteurs de certaines régions ont-ils le droit de distiller les fruits de leurs arbres pour en faire de l'alcool, alors que les agriculteurs d'autres régions n'ont pas l'autorisation de faire de l'eau-de-vie avec leurs grains ou leurs pommes de terre ? Il y a actuellement en France près de 800,000 bouilleurs de cru, produisant environ 800,000 hectolitres d'alcool mal rectifié, dangereux pour la santé publique.

Le privilège des bouilleurs de cru est une prime à l'alcoolisme ; son maintien, en France, est un crime de lèse-nation. En effet, « le bouilleur fabrique de l'eau-de-vie ; il ne peut la vendre ouvertement, car il lui faudrait payer des droits ; s'il ne la vend pas clandestinement, il la boit (et *certains ménages ont des réserves de plusieurs hectolitres de marc de raisin ou de pommes et poires, d'eau-de-vie de prunes, etc.*) ; il en offre à ses domestiques, à ses ouvriers ; les jours de battage à la vapeur sont des jours de ripailles.

« Son eau-de-vie est naturelle, crie-t-il bien haut : elle n'est pas comme celle qu'on achète... Et, grâce à la goutte qu'il paye à tout propos et à tout venant, notre homme se fait une réputation de largesse qui, parfois, n'est pas étrangère à sa fortune politique. » (Un instituteur du Loiret.)

L'État voudra-t-il entendre cet appel pressant d'un éducateur du Jura auquel se ralliera tout homme sensé, tout philanthrope ?

« L'État me paraît avoir, dans cette calamité qu'il perpétue, une terrible responsabilité. Lui qui, dans un esprit de lucre méprisable, multiplie les débits de boissons nocives, lui qui met pour ainsi dire le verre perfide sous le nez du travailleur et précipite la dégénérescence physique et morale de la démocratie, me semble quelque peu pharisaïque dans son instance à faire à l'alcoolisme une inoffensive guerre de paroles et d'images.

« Ah ! il y a le budget (et la morale a des raisons que le budget ne comprend pas !) ; puis il y a la clientèle électorale des mastroquets ! il y a les puissants distillateurs !

« Mais, au-dessus de tout cela, l'État oublie-t-il qu'il y a la France ? C'est pourquoi je suis pour la solution radicale : la suppression du privilège odieux des bouilleurs de cru ».

IV. — Indulgence excessive de la magistrature à l'égard des délinquants et des criminels.

Les statistiques officielles du ministère des Finances nous révèlent que le nombre des débits de boissons s'est élevé de 25 p. 100, en France, dans ces trente dernières années ; il atteint le chiffre de 477,000 (1 débit pour 80 habitants, soit pour 30 adultes en moyenne). Dans certains départements, l'accroissement, depuis la fâcheuse loi de 1880, a atteint 61, 67 et même 70 p. 100 ; des centaines de bourgades comptent 1 débit pour 10, 4, quelquefois 3 maisons. Malgré cette sursaturation, l'accroissement continue puisqu'il s'ouvre encore actuellement 6 débits par jour.

La direction des contributions indirectes au ministère nous fait connaître aussi que, tandis que les 500,000 débits acquittent les droits sur 1 million et demi d'hectolitres d'alcool, le privilège des bouilleurs de cru frustre le Trésor public des droits sur plus d'un demi-million d'hectolitres vendus en fraude.

Et c'est, alors que la nation s'empoisonne si lamentablement, alors que sous l'action continue de cette intoxication « le nombre des conscrits réformés dépasse le quart du contingent (55,000 en 1907 sur 210,000 appelés), alors que dans toute la France le nombre des suicides a doublé et celui des aliénés s'est élevé de 47,000 à 70,000 en ces quarante dernières années, alors que la criminalité de sang, la criminalité impulsive augmente sans cesse, que 55 à 70 pour 100 des crimes contre les personnes sont commis par des alcooliques, que la grande majorité des meurtriers sont de tout jeunes gens, fils d'alcooliques et alcooliques eux-mêmes... » (M. Joseph Reinach, discours à la Sorbonne, 23 janvier 1910.)

... C'est alors, dis-je, que les comptes rendus des procès de cours d'assises ou de police correctionnelle nous offrent presque quotidiennement cette addition vraiment délicieuse : X... a bénéficié de l'indulgence des juges, parce qu'il a déclaré être en état d'ivresse au moment où il a accompli son méfait.

Or, le ministre de la Justice, M. Louis Barthou en personne, dans son rapport au Président de la République sur l'administration de la justice criminelle en 1907, s'exprime ainsi :

C'est la violence, à n'en pas douter, qui constitue la criminalité spécifique des alcooliques et des ivrognes : violence meurtrière ou cupide, coups et blessures, brutalité immorale : tels sont les crimes les plus fréquents engendrés par l'abus de l'alcool...

Le tiers environ des actes de rébellion et d'outrages envers des fonctionnaires ou agents de l'autorité est provoqué par l'abus de l'alcool ; le cinquième des faits de brutalité envers les personnes et de déprédation violente contre les propriétés, a eu pour cause l'état d'ébriété des inculpés ; le sixième des délits contre les mœurs est dû à cette même cause.

En présence de telles déclarations, nous ne pouvons que protester hautement, avec les éducateurs de la jeunesse, contre « l'indifférence coupable de ceux qui ont charge de la morale publique » (un inspecteur d'Académie), contre la pitié singulière des magistrats qui devient un véritable déni de justice envers la société, celle-ci ayant le droit de réclamer à être mieux défendue.

Quel est ce sophisme qui tend à faire considérer l'ivresse comme une excuse des crimes dont elle peut devenir la cause ? Si la privation de la raison, si le défaut d'intelligence peuvent diminuer ou annihiler la responsabilité, c'est à la condition que le dément ne soit pas lui-même responsable de la perte de sa raison ; dans le cas contraire, sa responsabilité se trouve aggravée.

Qu'il me soit permis, en passant, de dénoncer la diffusion lamentable de brochures, journaux et autres publications variées où vols, crimes, meurtres, etc., sont rapportés avec luxe de détails, où les photographies des malfaiteurs sont complaisamment étalées en première ou seconde page, faisant de ces misérables des célébrités ; parfois l'apologie de leurs crimes est répandue à profusion par des feuilles socialement obscènes. Qu'y a-t-il d'étonnant à ce que des jeunes gens, des esprits faibles et crédules, soient ainsi pervertis, tentés par l'immorale célébrité !

V. — L'excès d'humanitarisme et l'assistance défectueuse encouragent le vice.

Le bien que l'on veut faire va parfois à l'encontre du but à atteindre.

« Je suis loin, dit un instituteur de la Marne, de blâmer les œuvres charitables par lesquelles on assure à l'élève pauvre le bénéfice des bienfaits de l'instruction ; et pourtant je demande si, dans les villes, les repas gratuits à l'école pendant l'hiver n'habituent pas certaines familles à se désintéresser de l'enfant, à considérer avec indifférence son absence de la maison entre les classes, à le voir sans trouble courir les rues les jours de congé sans souci des heures auxquelles la famille se rassemble, fréquenter les jeunes clients des estaminets pour les imiter ensuite ? La portion de vivres attribuée à un élève et remise à sa mère fournirait toujours à celle-ci, moyennant un léger appoint de sa part, l'occasion d'offrir aux siens un repas sain et peu coûteux. Je demande encore si les bons de souliers et de vêtements, octroyés toujours généreusement aux écoliers nécessiteux, n'incitent pas les familles insouciantes à compter beaucoup sur l'assistance publique (et privée) et à faire une plus large part aux petits verres ? »

Ces réflexions judicieuses, je les ai trouvées dans quelques dizaines de dépositions non moins importantes, notamment dans la suivante, due à un maître de l'Oise, et qui nous fera juger de la triste mentalité de certains alcooliques :

Prêchant l'économie en vue de sa vieillesse, à un ouvrier ivrogne de la commune, l'instituteur en reçut cette réponse :

« Economiser ! pas besoin, je suis indigent : je dépense tout ce que je gagne ; à soixante ans, l'État me fera une rente pour acheter du pain et boire une goutte. »

Et, puisque nous sommes sur le terrain de l'assistance publique, qu'il me soit permis de signaler cette observation (non pas unique, tant s'en faut) d'un instituteur du Doubs :

L'État devrait bien se documenter sérieusement sur la moralité de ceux qui le sollicitent ; on n'aurait pas le regret de voir dissiper en libations des secours de 30 francs et au-dessus. Les pensions des vieillards sont parfois attribuées à des paresseux ou à des alcooliques non méritants, mais chaudement recommandés par des hommes soumis à une réélection ; on pourrait faire un plus heureux choix. »

En tous cas, il importe que désormais les secours soient distribués en nature, non pas en argent.

§ 3. — Les milieux alcooliques.

L'alcoolisme sévit partout : chez l'enfant et l'adolescent, chez le paysan et le bourgeois, chez l'ouvrier des villes et des usines, chez la femme et le nourrisson, chez le soldat et le marin.

I. — **L'alcoolisme chez l'enfant et l'adolescent.**

L'alcoolisme des enfants a pour causes l'ignorance, l'indifférence, parfois même l'indignité des parents.

Combien d'enfants boivent du vin pur, et en notable quantité déjà, à leur repas et souvent au cours de la journée, sous prétexte que le vin donne des forces ! Combien de maîtres ont dû intervenir pour amener les enfants confiés à leur garde, au repas de midi, à ne prendre qu'une modique quantité de vin coupé de beaucoup d'eau ! Trop nombreux encore les pauvres petits qui viennent en classe le matin, ayant déjeuné de quelques tranches de pain trempé dans l'eau-de-vie, soit que la mère considère que cela réchauffe l'enfant (et le préjugé est encore courant), soit qu'elle ait manqué de diligence pour lui préparer une bonne soupe chaude avant le départ.

« La population du quartier, écrit un instituteur de Saint-Etienne, s'adonne à l'alcoolisme. Les enfants sont incités par les parents à boire aussi bien les liqueurs fortes que le vin. A mon arrivée dans cette école, les enfants apportaient en classe des flacons de vin pur, pour boire entre leurs repas ; plusieurs même arrivaient en état d'ivresse manifeste. Le lundi, les absences étaient plus nombreuses ; les enfants interrogés avouaient avoir bu, la veille, trois ou quatre « canons » de vin pur, ou bien deux cafés ou encore un pernod, avoir passé la soirée au café, s'être couchés entre onze heures du soir et une heure du matin.

« A cette question d'un maître : « Qu'as-tu fait hier ? » un enfant répond un jour : « Je me suis saoulé (sic) avec ma mère et mon grand-père. »

« Grâce à mon énergique intervention et celle de mes collaborateurs, ce spectacle affligeant est atténué, le mal est réduit notablement, les enfants ne viennent plus en classe dans un état d'énervement anormal, ou plongés dans une sorte de torpeur intellectuelle, qui ne leur permettaient pas de suivre les leçons avec fruit. »

Un instituteur des Hautes-Pyrénées signale même, dans un hameau reculé de la haute montagne, des enfants de deux ou trois ans buvant couramment près d'un litre de vin par jour ; aussi accuse-t-il l'existence de nombre d'enfants anormaux dans ce village, et la durée moyenne de la vie abaissée à vingt-huit ans.

« Certains parents se font un point d'orgueil à faire boire leurs gamins « comme des hommes », dit un maître de la Haute-Savoie. Ici les parents pêchent par ignorance, regrettable ou stupide ; mais quelle responsabilité ils encourent ! Nous avons vu déjà à quel degré d'indignité atteignent certaines mères, à propos de la non-fréquentation scolaire. Et ces méfaits se peuvent produire un peu partout dans le pays, hélas ! malgré une campagne antialcoolique vieille de douze ans déjà !

Pour ce qui est des adolescents, vu le peu d'autorité des parents et en raison parfois de leurs encouragements, les habitudes d'intempérance sont fréquentes.

« Dans les provinces méridionales, déclare un instituteur de l'Hérault, les enfants de dix à quinze ans passent une partie de leur dimanche et de la nuit au café ou au bal public ; il est vrai de dire que, dans beaucoup de cas, ils sont accompagnés de leurs parents ; et journellement ces adolescents boivent du vin blanc, du vermouth, de l'absinthe, etc.

Je termine ce noir tableau, auquel j'apporterai dans la suite une heureuse atténuation, par cette pénible réflexion d'un éducateur lyonnais :

« On voit en France, et surtout dans les villes, de tout jeunes enfants, des adolescents, des jeunes gens, courir les rues toute la journée ; on ne les oblige ni à fréquenter l'école, ni à compléter leur instruction, ni à apprendre un métier, ni même à travailler. Que veut-on qu'ils fassent, sinon se débaucher et boire ? C'est là, à mon sens, une grave cause du mal qui ne fera qu'empirer si l'on ne prend des mesures promptes et énergiques. »

Et ces mesures sont, tout naturellement, le respect de la loi de 1882 sur la fréquentation scolaire, l'obligation des cours d'adultes, la multiplication des écoles ou des cours d'apprentissage. Nous aurons l'occasion d'y revenir.

Je me dispense de parler ici des écoles de débauche du quartier Bal-el-Oued, à Alger ; il est des laideurs qu'on a avantage à ne pas approfondir, tout en réclamant de faire le nécessaire pour leur disparition.

II. — L'alcoolisme du paysan.

Un point de repère au début de ce paragraphe : Dans les régions viticoles et les centres ouvriers, l'alcool sévit plus que dans les régions essentiellement agricoles ; ici, peu ou pas d'alcoolisme : la population purement agricole est laborieuse, économe et tempérante, en général.

Dans les régions agricoles proprement dites, c'est surtout à l'époque des grands travaux (fenaison, moisson, labours) que les paysans se nourrissent le mieux, mais boivent aussi d'une façon démesurée ; ils sont convaincus qu'on ne peut travailler sans boire de vin, et qu'on en doit consommer d'autant plus que la besogne est plus dure : aussi le journalier, en Touraine par exemple, boit-il fréquemment cinq à six litres de vin par jour, et les meilleurs arguments sont impuissants auprès de lui.

Dans les pays vignobles se manifeste ce que j'appelle l'*alcoolisme familial*, petit ou grand suivant le degré d'intempérance des ménages. Outre le vin pris à discrétion parfois, l'eau-de-vie entre dans la consommation journalière à ce point qu'un vigneron seul boit fréquemment son litre d'eau-de-vie par semaine.

L'ouvrier vigneron, dans la Marne par exemple, éprouve en outre le besoin de déguster une absinthe avant son repas de midi !

Comme si le nombre des débits était insuffisant, l'alcoolisation des masses est entreprise encore en pleins champs par les épiciers.

« Dans la commune de X... (Indre), le verre d'eau-de-vie va trouver le client au travail ; le paysan est là, piochant ses pommes de terre. « Hop ! hop ! » c'est l'appel de l'épicier, c'est le grelot du cheval ; l'outil est abandonné ; un petit verre, puis deux ou trois sont versés sur la voiture ; les femmes ne le sauront pas ! Quels remèdes, se demande le maître, apporter à un tel état de choses ? »

« Y... (Puy-de-Dôme) est le fief réputé de l'alcoolisme depuis de longues générations ; l'école est entourée de trois auberges à moins de 20 mètres ; la vue des ivrognes est journalière dans ce pays ; l'usage du vin et de l'eau-de-vie y est courant depuis le plus jeune âge : à deux ans, l'enfant boit du vin pur ; à sept ou huit ans, de l'eau-de-vie ; ce sont là des habitudes invétérées ; hommes et femmes s'enivrent ; le comble des jouissances humaines y est de boire régulièrement jusqu'à 7 et 8 litres de vin par jour, dès trois heures du matin en été, dès cinq heures en hiver ; on passe la nuit du dimanche à l'auberge. »

Et les conséquences de cet *alcoolisme profond dû à l'excessive consommation du vin*, un instituteur de la Corrèze se charge de nous les faire connaître.

« Les habitudes d'intempérance sont l'une des causes essentielles de l'état de misère noire dans laquelle vivent plus de 60 familles de la commune de Z...., sur 300 environ. Sans dignité aucune, les chefs de ces familles seraient incapables de se procurer l'indispensable en hiver, si le bureau de bienfaisance ne les secourait. On vit au jour le jour, « faisant la noce » aujourd'hui, mangeant du pain sec demain... s'il y en a ; l'économie y est inconnue.

« Des journaliers indigents, chargés de famille, après avoir touché en argent le secours qui leur est attribué, vont directement à l'auberge voisine où ils en dépensent sottement la meilleure part. »

La population normale (bergers, vachers, domestiques de fermes, ouvriers vignerons, etc.) atteint souvent le *summum* de l'intempérance. A qui la faute en incombe-t-elle vraiment ? Les confidences suivantes d'un commis de ferme instruit, à l'instituteur d'un village de la Haute-Marne, sont édifiantes :

« Ah ! monsieur, si vous connaissiez notre situation, vous ne seriez pas surpris de ce qui arrive. On croit généralement que nous sommes de la famille de notre patron : comme on se trompe ! Depuis que je suis domestique, j'ai servi plus de trente maîtres. Presque partout on est admis à la table du patron. c'est vrai ; mais c'est tout : pour le reste on ne nous souffre pas au coin de l'âtre de la famille ; notre chambre (quand nous en avons une) est un galetas sans cheminée, notre lit un misérable grabat placé dans un coin obscur où il fait noir, même à midi. En été. nous faisons souvent quatorze et même seize heures de travail ; jamais de repos autre que celui que nous prenons nous-mêmes : de là des relations presque toujours tendues entre patrons et employés. Les seuls moments agréables pour nous sont ceux que nous passons réunis à l'auberge où, en hiver auprès d'un bon feu, nous sommes bien accueillis pour notre argent. Là du moins, au fond des verres, nous trouvons l'oubli de nos maux. »

Cette déclaration, touchante par l'accent de sincérité dont elle est empreinte, nous amène, chemin faisant, à exprimer le vœu que des relations plus familiales s'établissent, en général, entre l'employeur et ses employés : les conflits entre patrons et ouvriers perdront de leur acuité et de leur fréquence, et la question sociale aura fait un nouveau progrès.

Les bûcherons montagnards se comportent de façons diverses : tantôt, habitant à de hautes altitudes, ils vivent frugalement et n'ont pour boissons que de l'eau et du lait ; tantôt, en d'autres régions, ils sont alcooliques par hérédité ; aussi, dans leurs cerveaux primitifs, l'idée est-elle ancrée que l'alcool stimule et réchauffe. Cherche-t-on à leur démontrer leur erreur ? Alors ils vous citent tels vieillards d'âge avancé, jouissant d'une bonne santé, qui ont bu toute leur vie ; les conférences antialcooliques n'ont pas grand effet sur ces gens qui, sentant bien qu'ils ont tort, n'en veulent pas convenir. » (Un instituteur du territoire de Belfort.)

A la frontière (de Suisse en particulier) se manifeste, avec la contrebande, l'absinthisme dans toute sa laideur.

« Au bourg de M... (Haute-Savoie), en pleine montagne, l'habitude de l'absinthe est telle qu'elle ne disparaîtra qu'avec ce liquide. Le dimanche, en particulier, au sortir de la messe, 6 à 8 litres d'absinthe sont bus dans tel café de onze heures à midi ; à l'issue de toute cérémonie (mariage, enterrement, etc.), en

toute occasion, à toute heure, toujours l'absinthe
entre en jeu.

« Lors du relèvement des droits sur les alcools, les
débitants portèrent le prix du verre de 15 à 25 centimes ; comme ils n'en vendaient plus guère, ils
ramenèrent le prix à 20 centimes ; mais ils servent
des absinthes de contrebande venant de Suisse, et la
consommation a repris de plus belle.

« Dans la nuit du dimanche au lundi, avant de se
séparer, les jeunes gens absorbent, à trois ou quatre,
un demi, quelquefois un litre d'eau-de-vie (et quelle
eau-de-vie !). Ruines familiales, ventes judiciaires
assez fréquentes, dépopulation, cas héréditaires
d'alcoolisme : telles sont les conséquences de cette
intoxication... et aucun raisonnement ne prévaut. »

« Que les employés commis à la surveillance de
la contrebande, dit un maître des rives du lac de Ge-
nève, soient un peu plus actifs et plus habiles à dé-
couvrir l'énorme quantité d'absinthe importée de
Suisse avec la complicité des bateliers ! Qu'ils décè-
lent mieux les cachettes à poison dont font usage
tous les cafetiers ; qu'ils fassent des apparitions plus
fréquentes dans les campagnes, surtout le dimanche,
et ils verront la consommation effrayante d'alcool
soustrait aux droits. »

III. — L'alcoolisme chez l'ouvrier.

L'apprenti ouvrier oublie vite, sur le chemin de
l'usine ou de l'atelier, les leçons de tempérance qu'il
a pu recevoir à l'école ; entraîné par ses camarades
plus âgés d'un an ou deux à peine, il boit l'absinthe
et fume la cigarette par gloriole (!), pauvre victime
déjà marquée du tabagisme et de l'absinthisme tout
à la fois...

Et, de quelque côté qu'on se tourne, en pays de
mines ou de métallurgie, de verreries ou de poteries,

de carrières ou d'ardoisières, de distilleries ou autres industries, partout et toujours c'est la même antienne :

Alcoolisme dû à la diffusion intense d'alcools ou de liqueurs à bon marché (l'absinthe en tête), par de trop multiples débits.

Dans la famille et dans la rue, ce sont des exemples presque incessants d'ivrognerie et de débauche.

« A partir de l'âge de dix-huit ans, dit l'instituteur d'un centre minier important de Saône-et-Loire, alors que son salaire est devenu assez élevé, le jeune ouvrier fréquente le cabaret, s'enivre surtout avec l'absinthe. Par le nombre d'alcooliques qui se compte ici, d'enfants rachitiques, dégénérés intellectuellement autant que physiquement, je suis effrayé de l'importance du mal. Je ne vois qu'un moyen pratique et efficace d'arrêter ce lent suicide d'une race autrefois si robuste et si laborieuse : l'interdiction absolue de l'absinthe. »

La population ouvrière hétéroclite, d'origine exotique est signalée de divers côtés, au Nord, dans les Vosges et dans le Midi, comme plus contaminée encore :

« Plèbe flottante, instable et disparate, de mœurs dissolues (composée d'Allemands, d'Italiens et de Belges, condamnés réfugiés dans notre pays) important, dans nos villages-frontières et nos centres industriels, une intempérance inqualifiable et une liberté d'allures telle qu'on s'étonne vraiment de les voir tolérer. » (Un instituteur de Meurthe-et-Moselle.)

Il importe de mettre ici en lumière le *triste rôle joué par certains patrons ou entrepreneurs, propa gateurs de l'alcoolisme*, à l'encontre des grands industriels dont je signalerai plus loin la belle action moralisatrice et humanitaire.

Je cite en entier le rapport édifiant d'un instituteur du Finistère :

« Le hameau de X... compte une agglomération de 600 habitants dont l'industrie est l'exploitation des ardoisières ; mais ces carrières font plutôt le malheur que la fortune des familles ; sur 100 ouvriers carriers, il y en a 90 d'alcooliques.

« Les maîtres carriers, pour la plupart aubergistes et peu fortunés, encouragent l'ivrognerie ; et alors on voit ce fait étrange : la considération du patron pour l'ouvrier augmentant avec le nombre de verres d'eau-de-vie qu'il absorbe, un ouvrier sobre est mal vu à l'atelier. — Le carrier a d'ailleurs un crédit ouvert dans chaque auberge ; il en use tous les jours, à tout moment, si bien qu'à la fin du trimestre, au jour de paye, il ne reçoit souvent rien ou très peu : l'aubergiste retient la part du lion. — J'assiste à ces tristes scènes à chaque paye et depuis des années. Comme les familles des carriers sont toutes très chargées, la plupart des femmes mendient pour subvenir aux besoins de tous (y compris le mari), car celui-ci mange aussi à la maison. Les vieux carriers étant tous convaincus que l'alcool les réchauffe et les fortifie, il est inutile de vouloir les en détourner ; tout a échoué jusqu'ici ; les ivrognes ne se comptent guère d'ailleurs qu'au-dessus de trente-cinq ans, et ce sont tous des ignorants (K... ne possède une école que depuis vingt ans). Mais si les « vieux » sont des ivrognes incorrigibles, la jeune génération de quinze à vingt-cinq ans se comporte tout autrement... »

Suit l'heureux résultat de l'éducation antialcoolique des jeunes gens que nous envisagerons plus loin.

Sont aussi dénoncés des *économats patronaux* annexés aux usines, et dont voici, pour certains, le fonctionnement et les résultats : « Ces économats vendent aux ouvriers pain, vin, bière, épicerie, charcuterie, etc., à des prix modérés. L'ouvrier qui se sent fatigué, aux jours de grandes chaleurs ou de grands froids principalement, cherche un complément de nourriture dans un litre de vin qu'il achète à l'économat ; celui dont l'intérieur laisse à désirer en fait autant. Désormais sa consommation de boissons va augmenter sans cesse, il s'engage sur une pente dangereuse ; c'est ainsi que certains de ces ouvriers boivent, en moyenne, 5 litres de vin et plus par jour ; d'autres ne se présentent jamais au bureau le jour de paye, leur gain mensuel ayant été absorbé, et au delà, par les fournitures diverses qu'une coupable complaisance leur a avancées au besoin. »

IV. — L'alcoolisme de la femme et du nourrisson.

a) La femme à l'atelier. — La vie à l'atelier donne à l'ouvrière les vices de l'ouvrier : « Des jeunes filles prennent volontiers le verre d'absinthe.. » (Un instituteur du Jura).

b) La femme chez elle. — Pas n'est besoin toutefois pour elle de gagner sa vie au dehors, pour se livrer ainsi à l'abus des liqueurs fortes.

Dans les pays de bouilleurs de cru particulièrement, la femme boit de l'eau-de-vie comme son mari et ses enfants (1) ; la bourgeoise, la femme du monde, ont une faiblesse pour les liqueurs de ménage qu'elles ont préparées elles-mêmes et qui n'en atteignent pas moins un degré alcoolique élevé ; chartreuse, bénédictine, anisette, etc., sont également très en faveur auprès de la femme, de la maîtresse de maison.

Il m'a été donné de constater paresse lamentable

(1) Consulter la brochure : *Un département en danger,* par M. Derles, inspecteur d'académie de la Manche, à Saint-Lô.

et passion de l'alcool chez les femmes de pêcheurs, sur la côte normande. Alors que ces malheureux partent pour vingt-quatre, trente-six, parfois quarante-huit heures en mer, ballottés par les vagues, souffrant souvent du froid et de la pluie pour faire maigre récolte, leurs femmes, honteusement oisives, n'ont même pas le courage de soigner leurs enfants et leur ménage, de préparer bonne soupe et gîte agréable pour le pauvre diable qui rentrera harassé ; elles s'adonnent à l'ivresse dans l'arrière-boutique de l'épicier voisin et le malheureux pêcheur trouve parfois, en rentrant, l'ivrognesse indignement vautrée sur un grabat souillé !

Or de telles femmes sont mères ; elles ont déjà intoxiqué d'alcool l'enfant qu'elles ont porté dans leur sein ; elles ont continué de l'intoxiquer en l'allaitant ; à mesure que l'enfant grandit, elles le familiarisent avec l'usage des breuvages alcooliques, vin ou cidre d'abord, café à l'eau-de-vie ensuite.

Ainsi se produit l'alcoolisation de l'enfant à la mamelle, du nourrisson.

V. — L'alcoolisme du marin et du soldat.

a) Alcoolisme du marin. — Aux pays des marins, des pêcheurs, des marchandes de poissons, les boissons alcooliques ont été de tout temps consommées avec abus.

Les enfants quittent l'école en été, pour la pêche, dès l'âge de dix ou onze ans ; ils contractent de déplorables habitudes avec les marins qui n'ont aucune retenue en leur présence ; ils reviennent, à la mauvaise saison, insoumis, vindicatifs et paresseux.

En ce qui regarde les mousses, écoutons ce qu'en raconte un maître de l'une des plus importantes stations maritimes du Morbihan :

« Dès l'âge de treize à quatorze ans, la plupart des

enfants s'embarquent comme mousses à bord des navires de commerce et ne reparaissent au pays qu'à
des intervalles éloignés.

« Or si, à bord des bateaux de commerce, le
mousse n'a qu'exceptionnellement le « bougeron »
du matin (ration d'eau-de-vie à laquelle l'équipage a
droit chaque jour), en revanche, à bord des bateaux
de pêche, il a sa part du vin que les vieux loups de
mer ne manquent pas d'emporter, pour se réchauffer
ou se rafraîchir en mer, suivant la saison. Le
mousse a sa place autour de la table du « débit » où
les pêcheurs viennent s'asseoir quand ils ont touché
le prix de leur pêche, pour y manger la « cotriade » ;
s'il a l'air de faire la grimace devant le verre de
goutte ou de « picherel » qui lui est servi, quelque
loustic se trouve toujours parmi ses compagnons
pour l'encourager par des propos tels que celui-ci :
« Si tu ne prends pas ça, tu n'es pas un homme. »
C'est sur les matelots, sur les patrons et les capitaines surtout, qu'il convient d'agir. »

Il faudrait obliger, pendant la morte-saison, les
jeunes inscrits à fréquenter les cours d'adultes ou les
cours de navigation.

L'alcoolisme des Terre-Neuvas, d'autant plus
avancé que les marins ont plus longtemps navigué,
résulte de la mauvaise habitude contractée au banc
de Terre-Neuve où, pour suppléer à l'insuffisance ou
à la médiocre préparation des aliments, les capitaines
donnent de l'alcool à leurs hommes (et quel alcool !).
Une distribution se fait aussi pour tenir les hommes
sous pression, les rendre plus téméraires par gros
temps ou les récompenser (1) s'ils ont bien pêché.

Il importe, pour mettre un frein à de tels abus ou
habitudes, d'améliorer la nourriture de l'équipage,
d'appliquer les règlements s'opposant à l'embarque-

ment de trop grandes quantités d'alcool (1), de supprimer les caisses spéciales et cachées des capitaines, de chercher à remplacer l'alcool par du cidre ou du vin et de ne pas laisser embarquer dans ce cas de gros vins alcoolisés (généralement de provenance espagnole).

Nous avons vu précédemment combien la femme est coupable dans l'extension ou tout au moins l'entretien du vice alcoolique chez les marins pêcheurs des côtes.

b) *Alcoolisme du soldat.* — Sans insister plus que de raison sur ce sujet et tout en déclarant que le mal est notablement atténué dans nombre de compagnies, nous devons reconnaître que le séjour à la caserne est néfaste, au point de vue de la tempérance, pour les jeunes gens des campagnes.

« Sobres jusqu'au moment de leur départ pour le régiment, certains ont contracté à la caserne des habitudes d'intempérance dues à ce que l'argent ne leur manquait pas. (Cet argent est mis en réserve, d'habitude ici, par les jeunes gens à partir de l'âge de treize ans ; ils font des économies sur leur salaire journalier, en vue de le dépenser pendant leur service militaire.) » (Un instituteur du Rhône.)

En résumé, *au point de vue des professions exercées par les délinquants ivrognes ou alcooliques,* M. le ministre de la Justice fournit pour 1908 les *résultats* suivants qui nous fixent assez nettement *sur le développement de l'alcoolisme en France par corps de métiers,* si je puis dire ainsi :

(1) Chaque bateau partant pour la grande pêche est autorisé à embarquer une certaine quantité d'alcool sans payer aucuns droits ; en sorte que, sous prétexte de procurer au marin, à bon marché, une boisson soi-disant réconfortante, l'État favorise chez lui le développement de l'alcoolisme.

Proportion sur 100,000 habitants de la population correspondante.

	DÉLINQUANTS
Pêcheurs et marins................................	772
Chefs d'exploitations agricoles ou forestières..	24
Employés, ouvriers et journaliers agricoles.	111
Chefs d'établissements industriels, commerciaux ou financiers..............................	10
Ouvriers des mines et carrières...........	1.051
Employés et ouvriers des industries et commerces de l'alimentation.................	187
Employés et ouvriers des chemins de fer et tramways.....................................	76
Ouvriers et journaliers des autres industries ou commerces........................	175
Employés des autres industries ou commerces...	345
Professions libérales (titulaires et employés).....................................	2
Domestiques attachés à la personne......	31
Armées de terre et de mer..............	8
Services publics.........................	4
Personnes sans profession ou de profession inconnue....................................	0.5

§ 4. — LE MAL. — LE REMÈDE.

L'alcoolisme est fonction de l'affaiblissement de la valeur morale de l'individu.

Il appelle *l'intervention de l'éducateur.* Celui-ci doit, pour le combattre, donner à l'enfant une forte éducation morale : lui faire connaître toute l'étendue de ses devoirs envers lui-même et à l'égard de la société dont il fait partie ; fortifier sa volonté orientée vers le bien, en éveillant en lui la notion de solidarité, source des élans naturels de bonté, de générosité, de dévouement envers le prochain.

L'alcoolisme est un mal social, vice organique autant que contagion.

A ce titre, il appelle, il exige l'*action des pouvoirs publics et de l'initiative privée*, sous la forme de :

lois de protection sociale, propres à atténuer la misère et le surmenage ;

lois de répression contre l'ivresse qui est un scandale ;

suppression du privilège des bouilleurs de cru qui est une double iniquité en ce qu'il favorise l'alcoolisme familial et la fraude ;

encouragement aux sociétés diverses respectant la *clause de tempérance* inscrite dans leurs statuts, parce que de ces groupements sortiront des générations saines et vigoureuses.

L'ANTIALCOOLISME

La nécessité de la lutte contre l'alcoolisme apparut urgente après la guerre de 1870 ; dès 1872, l'Académie de médecine donnait de sérieux avertissements, suivis de la loi de répression du 23 janvier 1873 ; comme l'application de cette loi fut dérisoire, le mal continua sa marche envahissante à ce point que, en 1895, on dut reconnaître l'impérieuse nécessité d'intervenir non seulement par la rigueur des lois (d'efficacité discutable ou nulle, lorsqu'on se contente de les voter), mais par l'éducation et l'instruction du peuple.

L'enseignement antialcoolique figura pour la première fois, en 1897, dans les programmes officiels des établissements d'enseignement public, pour éclairer la jeunesse scolaire ; des sociétés de tempérance, dues à l'initiative privée, furent fondées avec l'espoir de convertir le grand public.

Quelles méthodes ont été adoptées depuis lors ? Quelle tactique a été suivie par les diverses catégories de combattants ? A quels résultats ont abouti les essais de toute nature ? C'est ce que je vais tenter d'exposer dans la deuxième partie de ce travail.

§ 1. — L'ÉDUCATION DU PEUPLE.

> « Il n'est pas nécessaire d'espérer pour entreprendre, ni de réussir pour persévérer. »
>
> « L'exemple du maître est le plus éloquent des enseignements en matière d'éducation. »

L'une des causes qui rendent difficile la pénétration, dans le cerveau de l'homme, de la notion d'empoisonnement alcoolique est que cet empoisonnement plus ou moins rapide n'a pas la même évidence, pour le vulgaire, qu'un accident spontané laissant une blessure visible.

Des considérations purement morales suffiront peut-être à éloigner l'homme du peuple de l'ivrognerie abjecte ; elles seront impuissantes à le garantir contre le lent alcoolisme chronique auquel de nombreux préjugés donnent une certaine séduction.

Ce n'est que par une éducation scientifique sérieuse que les arguments portent, que l'individu sera le plus souvent garanti contre le mal en apprenant le lent et progressif travail de désorganisation occasionné par l'usage habituel d'un poison tel que l'alcool ; cet individu comprendra alors qu'en s'adonnant à un tel usage, il s'expose à une déchéance également progressive, à une mort généralement prématurée.

I. — Le but à atteindre.

L'expérience de ces douze dernières années nous apprend que :

les jeunes gens intelligents et laborieux, ayant reçu la forte empreinte de l'enseignement de l'école sont rarement alcooliques ;

(donc, prolongeons la scolarité jusqu'à 14 ans au moins) ;

les jeunes gens peu intelligents ou de caractère faible se laissent facilement gagner par le mauvais exemple de l'usine et de la rue ;

(donc, appliquons rigoureusement les lois contre l'ivresse et surtaxons considérablement l'alcool, pour en rendre l'acquisition presque impossible aux classes pauvres).

Le rôle principal du maître, à l'égard des enfants

de l'école, n'est pas de guérir le mal, mais de *le pré-venir*. A cet effet, le maître doit faire pénétrer et ra-viver souvent dans leur esprit la crainte salutaire du fléau alcoolique, en leur faisant contracter de bonnes habitudes dans la famille, s'attacher du même coup à ennoblir leur âme, à développer leur cœur. (Mieux vaut une âme sereine qu'un cerveau bourré jusqu'à saturation et un cœur vide.) Si l'enfant a acquis pleine conscience de son devoir, par une forte éducation antialcoolique, il aura plus tard assez d'énergie pour repousser les tentations avec les dro-gues perfides.

Pour ce qui est des jeunes gens et des hommes, *c'est une* **œuvre laborieuse de relèvement social** *qui doit être entreprise, et non par l'instituteur seul.*

« Que de toutes les classes de la société, des hom-mes et des femmes de cœur, des médecins d'âme et de conscience, à la vie pure et sans tache, se lèvent, aillent dans les campagnes, partout où il y a une agglomération humaine, instruire et moraliser, par-lant chacun selon ses aptitudes. (Voilà un rappro-chement des classes que je me permets de préconi-ser.) Beaucoup de ces apôtres se sont déjà révélés en France ; mais le champ est immense, nombreux doivent être les ouvriers. » — (Un instituteur du Gard.)

Ainsi *l'éducation du peuple n'incombe pas à ses seuls instructeurs professionnels* (instituteurs et pro-fesseurs de tous ordres), *mais encore à tous ceux que leurs connaissances, leurs fonctions, leur con-viction, leur patriotisme, désignent à l'accomplisse-ment d'une si noble mission ;* médecins, officiers, pasteurs de tous les cultes, magistrats, avocats, ingé-nieurs, philanthropes, etc.

L'action éducatrice ne sera vraiment efficace que si elle est *continue* :

à l'école, grâce à une bonne fréquentation scolaire ;

depuis la sortie de l'école primaire et jusqu'au départ pour le régiment par les cours d'adultes rendus obligatoires, les amicales, les œuvres postscolaires diverses ;

à la caserne, par l'action éducatrice des officiers ;

par delà le régiment, par les conférences, les œuvres sociales d'épargne et autres ;

pour les jeunes filles, par une forte éducation ménagère.

II. — Les éducateurs professionnels.

Dans une communication faite le 24 juillet 1909 au congrès antialcoolique international de Londres (1), j'ai exposé les principes qui doivent présider :

à la formation des maîtres primaires ;

à l'éducation antialcoolique des professeurs et des étudiants, future pépinière de ces éducateurs non professionnels (dont il est parlé plus haut) capables d'apporter, par leurs avis autorisés, un concours précieux aux fondateurs des bonnes œuvres et aux maîtres de la jeunesse en particulier ; il est donc inutile d'insister ici.

Dans les écoles normales primaires, des efforts sérieux ont été faits pour convertir les élèves-maîtres à la pratique et l'enseignement de la tempérance.

Je dois faire connaître, toutefois, quelques-unes des dépositions vraiment édifiantes par lesquelles un certain nombre d'instituteurs prouvent qu'ils sont animés de la forte conviction, *de la foi*, seule motrice d'efforts sincères et productifs.

(1) E. Aubert : *L'Éducation antialcoolique des maîtres*, au siège social de la Ligue nationale contre l'alcoolisme, 50, rue des Écoles, et chez l'auteur, 29, avenue de Wagram, Paris.

« Il nous faut lutter encore, lutter toujours ; la persévérance et la sincérité sont des vertus que nous devons pratiquer ; rien, d'ailleurs, ne prévaut que l'exemple ; à l'instituteur, à l'éducateur de le donner partout et sans cesse. » (Un maître du Gard.)

« Il faut que ceux qui sont chargés de mener la campagne antialcoolique prennent leur rôle au sérieux ; qu'ils agissent en toute circonstance en hommes convaincus ; une parole imprudente, un sourire à demi moqueur tuent les meilleures résolutions ; l'enfant ne croit plus à ce qu'il entend ridiculiser ; que tout le monde s'en souvienne, du bas en haut de l'échelle pédagogique. » (Un maître des Vosges.)

« Quelques maîtres, *trop de maîtres, mettent en contradiction leur conduite et leurs leçons, frappant de stérilité, non seulement leur enseignement, mais celui de leurs collègues qui prêchent d'exemple.* » (Un instituteur de Saône-et-Loire.)

« En dehors de l'école, le premier devoir de l'instituteur est de ne jamais paraître au café ; sa dignité ne peut qu'y gagner et son influence auprès des familles par surcroît. » (Un instituteur de la Haute-Saône.)

« Que l'autorité académique se montre sévère à l'égard des rares maîtres de l'enseignement qui se laissent voir publiquement en état d'ivresse ; qu'elle ne se retranche pas derrière l'impossibilité d'atteindre les fautes commises hors du service, et qui lui sont signalées. *Au point de vue de l'exemple, l'instituteur est toujours en service* ». (Un instituteur algérien.)

« Il y a urgence pour l'État à sévir avec rigueur contre tout fonctionnaire alcoolique ou ivrogne, surtout si c'est un instituteur. » (Un maître de l'Aveyron ; une institutrice de Saône-et-Loire.)

Je pourrais multiplier ces déclarations réconfortantes qui font honneur à ceux qui les proclament, au corps enseignant tout entier ; elles consolent de l'incapacité ou de l'indignité de quelques-uns.

Une dernière citation qui résume convenablement le rôle de l'instituteur de campagne : La solution du problème social relatif à l'alcoolisme repose tout entière dans l'amélioration des conditions de logement, de délassement, d'alimentation, et dans les moyens dont nous disposons de rendre l'école plus vivante, plus attrayante que le cabaret : attirons nos lecteurs à la bibliothèque scolaire, insistons sur la propreté et l'aménagement des habitations de nos cultivateurs, intéressons-nous à leur vie, participons à leurs joies et à leurs peines, gagnons leur confiance et leur sympathie tout en les inspirant de nos conseils et de nos idées.

« L'école doit être le phare qui illumine le paysan jusqu'au fond de son logis et de son guéret, et le maître doit savoir répandre partout le bonheur. » (Un instituteur de la Haute-Loire.)

III. — Les autres éducateurs.

Parmi les compétences auxquelles font appel les instituteurs en matière d'antialcoolisme, les médecins sont plus spécialement désignés pour intervenir : par d'utiles conseils auprès des familles qui les consultent, par des conférences aux masses populaires, par de courtes leçons aux enfants dans les classes (de la part des médecins inspecteurs des écoles surtout). Ainsi, grâce à l'entente préalable de ces deux collaborateurs, le docteur confirmerait et fortifierait à chaque pas l'enseignement du maître.

Le concours (trop rare encore) des autres notabilités est précieux au point de vue : soit des conférences, soit de l'organisation et de la direction morale des sociétés préservatrices de la jeunesse dont je parlerai plus loin.

§ 2. — L'ANTIALCOOLISME A L'ÉCOLE.

A. — ÉCOLES PRIMAIRES

I. — Enseignement antialcoolique.

L'enseignement antialcoolique à l'école primaire est, en général, donné d'une manière plus complète, plus scientifique, dans les écoles de garçons que dans celles de filles ; chez ces dernières, le côté « morale » domine (et cela se conçoit) d'autant que la jeune fille, la femme, luttent avec plus d'efficacité par des actes que par des paroles, par la bonne tenue de leur intérieur que par des objurgations. Aussi est-il naturel que les institutrices réservent la plus large part à l'enseignement ménager, sans toutefois sacrifier injustement l'enseignement antialcoolique.

« Ce dernier, donné théoriquement à l'école à des enfants, à des adultes, ne peut avoir d'efficacité qu'autant que le milieu où il se donne concourt, avec l'école même, à le faire fructifier. Les exemples des livres sont inefficaces ; ils doivent être pris sur le lieu et présentés à l'élève de telle façon qu'ils frappent son intelligence et s'adressent à sa raison. L'instituteur bien assis au sein d'une population peut prendre ses types, avec tact et mesure, dans le voisinage immédiat (1) pour faire bien saisir :

« *l'influence bienfaisante de la tempérance* sur le maintien de l'aisance, la création du bien-être ou de la fortune, sur l'acquisition de l'estime et de la considération, sur la conservation de la santé physique et de la dignité personnelle, etc..., et inversement

« *l'influence malfaisante de l'intempérance* sur le

---

(1) Ce choix de types alcooliques, connus des enfants, est réprouvé par un certain nombre de maîtres : Il ne faut manifester, disent-ils, aucun mépris (?) afin de ne pas éveiller celui de l'enfant à l'égard de tel ou tel alcoolique qui est toujours plus à plaindre qu'à blâmer (?)

développement de la pauvreté, de la misère même, de la tuberculose et autres maladies, sur la diminution ou la disparition des facultés physiques et morales, sur la dégénérescence, la moralité, le crime, etc. ». (Un instituteur de la Marne.)

1° L'ENSEIGNEMENT ANTIALCOOLIQUE A L'ÉCOLE DU JOUR

Cet enseignement se donne de deux manières différentes :

a) Dans la plupart des écoles, il est *direct* : il consiste en un cours régulier, méthodique à raison d'une leçon hebdomadaire, bimensuelle ou mensuelle, faite dans la même forme que la leçon de morale, suivie généralement d'un résumé écrit que les élèves transcrivent, apprennent et conservent.

[Pour le rendre profitable aux parents eux-mêmes en les incitant à l'épargne, beaucoup de maîtres font une leçon sur l'alcoolisme le samedi soir (jour de paye) avec obligation pour les enfants d'en apprendre tout haut le résumé chez eux, de le réciter à leurs parents d'abord, puis au maître à la rentrée de classe le lundi matin.]

Ce cours régulier est complété par un enseignement *indirect* donné en toute occasion propice.

Un maître résume ainsi son mode d'action :

Enseignement direct. 1° Leçons spéciales bimensuelles comprises dans les programmes d'hygiène et de morale (1), ayant pour but de faire connaître les

(1) « La leçon d'enseignement moral est un excellent moyen d'action, peut-être le meilleur, contre l'alcoolisme ; je trouve, dans la plupart de ces leçons, un sujet de discussion avec mes élèves sur ce terrible fléau ; à l'aide de lectures morales appropriées, ils sont intéressés, attirés vers la discussion, l'appréciation de la conduite et des actes des personnages ; ils distinguent l'avantage de la sobriété et le mal causé par l'intempérance. J'espère ainsi

funestes effets de l'alcool sur l'individu, la famille, la société. (Les leçons sont rendues plus frappantes par l'emploi de tableaux illustrés) ;

2° Lectures à l'appui, extraites des ouvrages classiques, journaux, revues, etc. ;

3° Exercices : dictées, problèmes, composition française, etc. ;

(Chaque élève est muni en outre d'un ouvrage, propriété de l'école, qu'il emporte dans sa famille en vue de la propagande.)

Enseignement indirect. — Outre les exercices antialcooliques donnés à intervalles périodiques, toutes les occasions sont mises à profit dans l'enseignement général pour incruster dans le cerveau de l'enfant la notion de tempérance, la honte de l'état obscène de l'alcoolique, la crainte des conséquences physiologiques de cet état.

« Chaque leçon (écrit un instituteur de Meurthe-et-Moselle) ne comporte qu'une idée, mais commentée de tant de manières, envisagée sous tant d'aspects par des réflexions et des devoirs divers, que tout l'enseignement entretient, ce jour-là, comme une atmosphère morale spéciale aux choses et aux sentiments exprimés dans la leçon. »

Un nombre notable de maîtres rendent cette propagande antialcoolique plus pénétrante par des projections faites au cours des leçons ; par l'affichage permanent de maximes rurales, de tableaux, de gravures antialcooliques (certaines, plus petites, servant de couvertures de cahiers) ; par la distribution de bons points antialcooliques, d'images, de tracts mis gratuitement à la disposition des instituteurs par la *Ligue nationale contre l'alcoolisme* de Paris, la fédération internationale de la Croix-Bleue de Ge-

préserver un certain nombre d'entre eux et tirer, du même coup, leurs parents de l'ornière dans laquelle ils se sont enlisés. » (Un instituteur de Seine-et-Oise.)

nève, etc. ; par l'association des efforts des élèves et du maître sous la forme d'une **société scolaire de tempérance.**

L'imagination des jeunes auditeurs est vivement frappée aussi par l'exécution de quelques expériences simples. Outre le procédé courant des ménagères consistant à tuer un lapin par l'ingurgitation d'une cuillerée d'eau-de-vie, « on peut empoisonner sous les yeux des enfants. par l'alcool à 90°, l'absinthe ou l'eau-de-vie, de petits animaux nuisibles (souris), des insectes tels que : courtilières capturées dans le jardin de l'école, quelques vers à soie à divers degrés de développement, de grosses chenilles récoltées par les élèves, etc. Ces animaux meurent au bout de peu de temps, sont conservés dans le poison qui leur a donné la mort et exposés d'une manière permanente à la vue des enfants, parmi les objets qui composent le musée scolaire ». (Un instituteur de Seine-et-Marne.)

b) Très rares sont les écoles où est appliquée la méthode consistant à ne faire que. des exercices antialcooliques tout le long du jour, par quinzaine ou par mois, et de n'en plus. parler dans l'intervalle.

La première méthode, plus longuement exposée dans les pages qui précèdent, souffre par contre bien des tempéraments : la majorité des maîtres consacrent une leçon spéciale par semaine ou par quinzaine, plus quelques exercices spéciaux disséminés parmi les autres ; certains font une leçon par mois ou quelques leçons seulement durant deux ou trois mois (ce qui est insuffisant) ; quelques-uns s'occupent à peine de la question ou ne l'envisagent même pas du tout, sous le prétexte singulier qu'on ne boit pas dans le pays : argument invoqué parfois pour des communes où le privilège des bouilleurs de cru s'exerce avec délices.

5 % des instituteurs agissent, au contraire, en antialcoolistes fervents dans la lutte à l'école et hors de l'école.

Desideratum d'ordre pédagogique. — Il convient d'imposer à chaque maître un nombre minimum de leçons avec un programme plus précis sur l'alcoolisme.

2° L'ENSEIGNEMENT ANTIALCOOLIQUE AUX COURS D'ADULTES

Nécessité d'une législation nouvelle concernant les adultes. — La législation actuelle relative à l'obligation scolaire (loi du 28 mars 1882) arrête l'effort des instituteurs à la douzième ou la treizième année ; nous avons vu déjà combien cette loi est peu respectée ; le serait-elle que l'insuffisance d'une telle législation éclate à tous les yeux.

« Aucun peuple civilisé n'a cru possible de fonder l'éducation de ses concitoyens sur la seule période de l'enfance. En Suisse, en Amérique, l'obligation subsiste pour les jeunes gens, en vue d'un enseignement professionnel auquel le jeune apprenti est astreint pendant quelques heures par semaine. Si elle ne veut pas déchoir, la France devra le plus tôt possible envisager cette question ; pas un peuple n'a pu élever le niveau de l'instruction populaire par la seule obligation de six à treize ans ; ceux qui ont poursuivi avec succès le relèvement du niveau intellectuel des masses ont distingué deux périodes dans l'enseignement : l'une de six à treize ans, l'autre de treize à seize ou dix-sept ans. » (M. Ferdinand Buisson.)

En vue de corriger, partiellement au moins, cette insuffisance, les cours d'adultes ont été institués en France. Mais leur fréquentation, dérisoire ou nulle en beaucoup de villages et même de bourgs, diminue en général progressivement là où ces cours ont subsisté.

C'est que les jeunes gens, à notre époque, sont plus attirés par les plaisirs bruyants, variés et malsains, que trop de commerçants peu scrupuleux s'empressent de leur offrir (dans les centres industriels surtout), « car, au nom de la liberté, quantité de ces malandrins croient pouvoir empoisonner impunément le corps, l'esprit et l'âme de leurs concitoyens ». (Une institutrice des Vosges.)

Si l'enseignement antialcoolique est nécessaire à l'école du jour, il est indispensable dans les cours d'adultes, pour ces jeunes gens de treize à dix-huit ans que guettent les tentations à leur entrée dans la vie.

Comment assurer le recrutement des cours d'adultes ? En les rendant obligatoires d'abord, puis en les organisant.

a) *Organisation des cours d'adultes.* — Nombre de maîtres réclament une organisation générale de ces cours dont l'ouverture, la durée, la nature, sont actuellement livrées au gré de chacun (1).

La question est complexe ; elle appelle l'étude approfondie d'une *Commission ministérielle :* car il s'agit de satisfaire aux aspirations des adultes désireux d'acquérir un complément d'instruction (et ces aspirations varient avec chaque région, avec chaque individu même, étant donnés son âge, sa profession, sa culture antérieure, etc.).

L'enseignement antialcoolique y consiste le plus souvent en lectures choisies, examen et commentaire d'articles de journaux et de revues, en exercices appropriés (sujets de composition française, problèmes touchant l'économie ménagère et la prévoyance) ; parfois en conférences avec ou sans projections lu-

---

(1) Au chapitre des *desiderata* généraux, j'exposerai les solutions principales proposées par des instituteurs.

mineuses qui s'adressent alors au public et sont accompagnées souvent de séances récréatives, dans la soirée du samedi ou l'après-midi du dimanche.

Nous verrons bientôt le rôle que jouent les *Amicales* dans la préparation de ces divertissements instructifs.

Fréquentation défectueuse des cours d'adultes ; leur obligation. — Ces efforts donnent un rendement insuffisant, parce que les jeunes gens assidus aux cours d'adultes sont les meilleurs sujets anciens de l'école primaire en général, ceux donc qui en ont le moins besoin. L'occasion d'attaquer le mal dans le vif échappe, puisque l'enseignement antialcoolique donné à cette occasion s'adresse aux plus sobres et non à ceux que charme le cabaret.

L'instituteur d'Etain (Meuse) signale l'heureuse initiative du conseil municipal de cette petite ville, qui a voté une somme annuellement distribuée, comme prix en argent, aux jeunes gens assidus aux cours d'adultes.

Cette mesure, heureuse pour Etain, n'est malheureusement pas susceptible de généralisation : les instituteurs de certaines localités trop nombreuses n'ont pu ouvrir le cours d'adultes, en raison du mauvais vouloir des municipalités qui réfusent d'inscrire au budget la somme nécessaire au chauffage et à l'éclairage des salles de classe.

Desideratum d'ordre général. — Outre l'application rigoureuse de la loi du 28 mars 1882 sur l'obligation de la fréquentation scolaire pour les enfants de six à treize ans, les instituteurs expriment formellement le vœu que la même obligation soit admise et appliquée pour les adultes du cours du soir ou du dimanche, jusqu'à leur départ à la caserne. Pour les jeunes filles, l'obligation serait applicable jusqu'à l'âge de dix-huit ans.

Etant donnée cette organisation nouvelle, avec con

trôle de l'inspection académique, les municipalités seraient tenues d'apporter leur concours moral et pécuniaire aux cours d'adultes.

Il est lamentable de penser qu'un certain instituteur a touché une somme globale de 5 francs comme rétribution d'un cours d'adultes qu'il a persévéré à faire à ses frais pendant ving-cinq ans. — En Corse, il est courant que l'éclairage, le chauffage et les fournitures de classe soient à la charge du maître et de ses auditeurs.

II. — Enseignement ménager.

« Plus j'avance en âge, plus je prends de l'expérience et plus je suis convaincu qu'il faut agir fortement du côté de la femme, pour mener à bien la campagne antialcoolique. Aussi l'organisation d'un enseignement ménager bien déterminé et restreint me semble de la première nécessité dans les écoles primaires. Seulement, il faudrait pouvoir retenir les enfants à l'école jusqu'à treize ans, pour que ce nouvel enseignement fût profitable ; quel bagage peuvent emporter des enfants qui partent à dix ou onze ans ? »

Ainsi s'exprime l'un des inspecteurs d'académie les plus réputés ; et cet avis est répété, multiplié à l'envi, par quantité d'institutrices et de maîtres.

La femme est l'âme du foyer ; d'elle dépend le bonheur ou la ruine de la famille : fille, épouse, mère, maîtresse de maison, elle a des devoirs considérables que savent seules remplir les femmes dévouées et intelligentes.

Et alors une excellente institutrice des Vosges précise en ces termes les qualités et les obligations de l'excellente ménagère et les principes généraux qui doivent présider à sa préparation :

« Les programmes doivent comporter un enseigne-

ment plus complet et pratique des matières destinées
à préparer la jeune fille à son rôle de femme, car sa
mission est la direction du ménage avec tous les devoirs qui découlent de la maternité. Or, pour qu'elle
puisse remplir ce double rôle, il faut à son cœur et
à son esprit assez de dévouement, de savoir, de prévoyance, sans oublier le goût artistique, les sentiments élevés qui rendront à ses côtés la vie attrayante
et facile.

En appliquant cette éducation à la seule question
antialcoolique, la femme sera debout avant son mari,
pour lui préparer le repas du matin qui le préservera du petit verre nuisible à sa santé et à sa bourse ;
les repas prêts à l'heure, un menu plus complet et
plus soigné à certains jours, feront rentrer le mari
aussitôt le travail terminé et le rendront insensible à
la réclame alléchante du cabaret. Une connaissance
suffisante de la valeur nutritive des aliments, des notions d'hygiène bien appliquées, feront que la femme
saura prévenir et soigner les indispositions des membres de sa famille. Enfin l'ordre et la prévoyance per-
mettront au ménage de réaliser des économies.

« Une administration aussi sage donnera confiance
au mari, et les soins dont il se verra entouré, soins
qu'il saura inspirés par l'affection, ne lui paraîtront
jamais une surveillance étroite et gênante ; ses camarades d'atelier ne réussiront pas à lui faire secouer un joug qu'il ne sentira pas. Dans une telle
famille, le fils ne sera pas un ivrogne et l'on ne con-
fiera pas la destinée de la fille à un alcoolique. »

Une profonde science est-elle donc nécessaire pour
aboutir à un tel résultat ? S'acquiert-elle surtout dans
les livres ? Le moins possible.

A quoi bon, dès lors (sinon pour les écoles importantes), une installation spéciale, un matériel compli-
qué comme semblent le croire nombre d'institutrices
qui, dépourvues de l'une ou de l'autre, bornent ce

qu'elles croient être un enseignement ménager à des
leçons de lecture, à des copies de résumés et de recettes sur un cahier spécial ?

(Certaines même ne donnent pas du tout cet enseignement sous prétexte que les enfants sont trop
jeunes, ou bien que leur école est mixte.)

Cuisine. — Évidemment, pour un groupe nombreux de jeunes filles adultes appelées à expérimen-
ter devant une maîtresse de cours, une installation
spéciale avec matériel est indispensable.

Mais l'institutrice de campagne, qui s'adresse dans
sa classe quotidienne à un nombre restreint d'enfants, n'a-t-elle pas un fourneau, une modeste batte-
rie de cuisine qu'elle utilise pour ses besoins person-
nels ? Ne peut-elle, aux jours de leçon, confection-
ner avec ses élèves un plat correspondant à telle recette qu'elle leur communique, et prier chacune
d'elles de répéter la préparation à la maison paternelle ?

(Il importe, en effet, de nous rappeler que le budget de la maîtresse est modeste et qu'on ne peut lui
demander de supporter bénévolement les frais d'expériences réitérées, à moins de lui accorder une subvention convenable.)

*Couture, lingerie, coupe de vêtements, crochet,
broderie, etc.* — Les exercices variés de cette caté-
gorie sont essentiellement pratiques ; un livre, des
modèles, des dessins, seront consultés pour susciter
l'idée de tel ou tel essai et pour en faciliter la réali-
sation.

Économie ménagère. — L'apprentissage de la tenue du ménage doit être fait à tout moment : à l'école,
par le parfait entretien des objets qui s'y trouvent,
la propreté et l'ordre qui y doivent régner, tant au
point de vue individuel que général ; — le cas
échéant, dans le ménage de l'institutrice à qui les

enfants tiendront à honneur de rendre service en témoignage de leur affectueuse gratitude.

Semblables précautions seront vite répandues par les élèves dans leurs familles, à n'en pas douter.

La gérance de la maison dans tous ses détails, y compris la basse-cour, le clapier, le jardin, le rucher, etc., dont les revenus sont loin d'être négligeables si la fermière vigilante sait y faire régner l'ordre, la propreté et l'économie, doit être également envisagée avec son côté hygiénique et économique, dans le sens le plus pratique.

Puériculture. — Soins médicaux. — Plus délicates sont ces questions qui intéressent seulement les plus grandes élèves de la classe du jour et les jeunes filles. J'y reviendrai en temps utile.

Réforme des programmes. — L'application des principes qui précèdent semble devoir assurer la réussite de l'enseignement ménager et l'amélioration des conditions de la vie familiale ; il n'y manque qu'un point essentiel : le temps consacré à cet enseignement ; les meilleures institutrices sont toutes d'accord pour le proclamer.

« Chaque fois ou à peu près qu'on travaille à l'éducation dans l'enseignement primaire, on a peur de s'attarder pour l'instruction des enfants. Parce qu'on a trop prôné, comme résultat probant de la valeur de leur enseignement, le nombre de certificats d'études primaires gagnés chaque année par les maîtres, la majorité des institutrices s'attachent à obtenir le plus possible de ces parchemins pour leurs élèves. (Qu'importe, si elles sont pénétrées ces femmes de demain de leurs devoirs futurs ! l'inspection ne va pas jusque-là.) » (Une institutrice des Vosges.)

« Si l'on élaguait des programmes, dit une autre, tout ce qui n'est pas directement utile à une femme, on pourrait faire plus large part à une science qui est d'application journalière pour les femmes et les jeunes filles. Nos fillettes auraient chaque jour leur leçon d'économie domestique ; il serait possible ainsi de leur faire des cours tout à fait pratiques et de les pénétrer de l'importance, de la noblesse des travaux ménagers que trop d'entre elles dédaignent ou négligent. Les leçons d'enseignement ménager seraient complétées par un petit cours d'éducation enfantine.

« Ainsi préparées, nos jeunes filles ne seraient-elles pas, dans les familles, de précieux auxiliaires pour la lutte alcoolique ? » (Une institutrice de Tarn-et-Garonne.)

Cependant la thèse ainsi émise soulève certaines objections de valeur.

Les années de classe de l'enfant suffisent à peine à lui apprendre, non pas ce qu'il devrait savoir, mais ce qu'il n'est pas permis d'ignorer ; comment rogner sur ces leçons nécessaires le temps de faire de l'enseignement ménager ? Est-il d'ailleurs démontré qu'en agissant ainsi on aura accompli une bonne action pédagogique, et ce que M. Gréard objectait pour les apprentis ne serait-il pas vrai aussi pour les mères de demain ? « Consacrer, disait-il, à l'apprentissage une partie importante du temps que la loi a sagement réservé aux études primaires proprement dites, ce ne serait pas seulement appauvrir ce fonds de connaissances essentielles qu'il importe, aujourd'hui plus que jamais, de fortifier et d'étendre dans les classes ouvrières, pour assurer la prospérité et la moralité de la nation ; ce serait porter à l'éducation professionnelle elle-même un coup funeste, l'éducation professionnelle ne pouvant rien édifier de solide pour l'avenir de l'enfant qu'autant qu'elle repose sur les assises régulièrement établies d'une bonne éducation générale. »

On ne peut songer à augmenter le nombre des heures de classes, c'est-à-dire diminuer le temps pendant lequel l'enfant peut se développer physiquement, se reposer, s'amuser, parfois même se rendre utile dans sa famille et, parallèlement aussi, augmenter le nombre des heures de classe de l'institutrice.

D'ailleurs les programmes actuels des écoles primaires ne répondent-ils pas à ce *desideratum* si fortement exprimé aujourd'hui et déjà contenu dans le décret de vendémiaire an II : « Préparer les jeunes filles aux vertus de la vie domestique et aux talents utiles dans le gouvernement d'une famille » ? Par exemple, la leçon d'instruction morale comprend évidemment l'examen des devoirs qui incombent à la femme comme ménagère, comme femme et comme mère ; le calcul du prix de revient de tel vêtement, de tel trousseau de lingerie, de tels mets, etc., n'intéresse-t-il pas les enfants à la comptabilité du ménage, ainsi que l'établissement du livre de comptes d'une ménagère comme exercice d'écriture et d'économie domestique tout à la fois ?

La rédaction d'un devoir de composition française, la dictée, la lecture, etc., peuvent fournir matière à l'étude de tous les points du programme d'enseignement ménager ; les notions de sciences physiques et naturelles, d'agriculture et d'horticulture, embrassent l'hygiène personnelle et celle de l'habitation, la puériculture, les soins aux malades, de même que le jardinage, la cuisine, le lessivage, etc., à condition de savoir relier chacune des notions envisagées à tel détail pratique de la vie courante ; le travail manuel des filles en dehors des ouvrages de coupe et d'assemblage, comporte leçons, conseils, exercices pratiques, dont l'ensemble inspirera à ces jeunes filles l'amour de l'ordre, contribuera à leur faire acquérir les qualités d'une ménagère sérieuse et à les mettre en garde contre les goûts frivoles ou dangereux.

C'est toute l'instruction des filles qui sera pénétrée

de cet esprit d'application dans l'ordre et l'économie domestique, et non pas seulement une culture spéciale à laquelle seraient consacrées deux, trois ou six heures hebdomadaires.

Ces considérations fort justes exigent toutefois des institutrices une vertu éducatrice de premier ordre, un talent merveilleux d'exposition et d'enchaînement des choses, qualités géniales auxquelles toutes ne peuvent prétendre.

Comment concilier ces deux thèses opposées et toutes deux justifiées ? En s'en rapportant au vœu suivant :

Vœu d'ordre pédagogique. — Les instituteurs s'efforceront de choisir les matières de leur enseignement en vue d'assurer à leurs élèves, avec le développement de leurs facultés morales et intellectuelles, tout le savoir pratique dont ils auront besoin dans la vie.

Un enseignement ménager plus spécial est réservé pour les cours moyen et supérieur des écoles primaires.

La fréquentation scolaire obligatoire est prolongée jusqu'à quatorze ans.

Le certificat de premier ordre est abandonné dans les écoles de filles, à telle fin que les certifiées de deuxième ordre puissent consacrer leur dernière année d'études primaires au français, à l'économie domestique, à l'hygiène, aux travaux pratiques du ménage, en un mot, à une instruction éminemment utile.

« Les cours complémentaires de jeunes filles justifieraient ainsi leur nom, au lieu d'être des cours de préparation au brevet élémentaire et à divers concours. » (Une institutrice de la Savoie.)

1º L'ENSEIGNEMENT MÉNAGER A L'ÉCOLE DU JOUR

Durée. — Le temps consacré à cet enseignement

varie de trois heures par semaine (très exceptionnellement six heures), à une heure par mois.

Les maîtres les plus zélés répartissent les trois heures hebdomadaires en :

une heure de leçon d'économie domestique étudiée dans un livre, avec résumé et inscription de conseils hygiéniques et de recettes culinaires sur un cahier ;

deux heures de couture (confiées, dans les écoles mixtes tenues par des instituteurs, à une maîtresse de couture ou à la femme du maître qui n'en est pas rétribuée).

Méthode. — Elle est trop souvent inexistante, comme le révèlent un grand nombre de dépositions.

Les rapports consultés mentionnent, le plus souvent, une heure hebdomadaire de leçon théorique : les notions enseignées, relatives à la cuisine, à la tenue du ménage, aux mille détails de la vie journalière, sont très rarement appliquées à l'école même, quelquefois à la maison (ce dont les mères de famille sont reconnaissantes à l'institutrice).

En raison même de cette absence fréquente de méthode, peut-être aussi de notions, de jugement et d'initiative, je ne puis mieux faire que de citer *in extenso* la déposition exemplaire d'une institutrice du 18e arrondissement de Paris :

« L'enseignement ménager est moins une suite de leçons théoriques (une par quinzaine) comprenant des notions d'hygiène, d'ordre, de soin, d'économie, d'épargne, qu'une mise en pratique de ces notions :

« 1° en exigeant une rigoureuse propreté du corps (autant qu'il dépend de nous), des cheveux et des vêtements, un maintien digne, le respect de soi-même, le respect de l'école ;

« 2° en créant un besoin d'hygiène, d'air (les fenêtres sont ouvertes presque tout le jour), un plaisir de participer aux nettoyages réguliers scolaires, d'en jouir et de les respecter, la nécessité de soigner cahiers et livres (couvertures et liseuses protectrices) et de se laver les mains avant d'y toucher.

« Nous faisons un compte exact de ce qui est distribué à chaque élève, contrainte ainsi à l'ordre. A force de donner de l'importance à tous ces détails, nous cherchons à créer un courant d'habitudes auxquelles l'enfant est rappelé dès qu'il y a oubli ou négligence.

Résultats. — « Le médecin-inspecteur reconnaît que le teint a, en général, pris un air de fraîcheur qu'un manque de propreté avait compromis ; les chaussures sont cirées tous les jours, bien qu'une mère bretonne trouve que c'est beaucoup exiger ; une enfant de sept ans cherche à se coiffer de son mieux pour venir en classe, alors que sa mère et sa sœur aînée sont encore au lit. La chevelure, pour quelques élèves, nous donne encore du mal, vu que l'enfant n'est pas ici seule en cause ; on raccommode tabliers et jupes ; on y met des pièces ; une élève plus âgée répare les accrocs d'une compagne plus jeune. Il fut un temps où une élève osait se présenter ostensiblement comme une mendiante, déchirée, malpropre, les semelles de ses chaussures retenues par des ficelles (les parents espérant obtenir ainsi chaussures et tablier qu'on offre généralement au courage malheureux) ; aujourd'hui, l'on se respecte mieux. Pour une enfant, orpheline de mère, nous avons obtenu l'autorisation qu'elle fît, deux fois par semaine, la cuisine avec la cantinière de l'école, afin d'apprendre à préparer pour les siens soupes, légumes et viande.

« En somme, étant donnée la population ignorante des travaux du ménage à laquelle appartiennent beaucoup de nos élèves, nous cherchons à obtenir, par l'éducation plus que par la science, par la pratique plutôt que par la théorie, que ces enfants contractent des habitudes durables et précieuses dans un intérieur familial. »

4.

Cantines scolaires. — A côté du cours de cuisine, pratique et obligatoire dans toutes les écoles primaires, que nous espérons voir instituer prochainement, pour les fillettes de onze à treize ans, l'œuvre des cantines scolaires est l'une des plus efficaces dans la lutte contre l'alcoolisme, en procurant à l'enfant, avec l'avantage du milieu, une nourriture saine et abondante, la pratique de l'ordre et de la propreté.

Dans la région d'Avranches, cette œuvre est particulièrement florissante et retentit avec bonheur sur l'esprit des populations de la Manche tellement imbues de préjugés !

Dans la commune de X..., près de Pontorson, certains des enfants de l'école, il y a quelques années, ne rentraient pas dans leurs familles à midi ; ils prenaient leurs repas chez des aubergistes ou des particuliers, recevant œufs, viande ou poisson, mais aussi la tasse de café additionnée d'eau-de-vie qui rendait les enfants malades dans l'après-midi. L'institutrice contraignit ces enfants à demeurer à l'école, s'engageant à faire cuire elle-même les provisions qu'elles apporteraient, exigeant en retour la suppression de la tasse de café à l'eau-de-vie ; à la longue, les familles reconnurent l'amélioration du régime et de la santé de leurs enfants.

En 1908 fut alors fondée la cantine scolaire qui fonctionne à ravir.

Dans la même commune, à l'école des garçons, 14 enfants ont pris un repas chaud à midi, de la Toussaint jusqu'à Pâques, moyennant une rétribution de 10 centimes pour 10 de ces enfants, les quatre autres indigents ayant été nourris gratuitement.

Pour subvenir aux dépenses des cantines, une institutrice du même département propose qu'il y ait entente entre les Amis de l'école et les municipalités : les premiers donnant leur cotisation annuelle et des aliments, les dernières versant à la caisse de la cantine les subventions ou secours répartis aux parents qui en font mauvais usage. Et elle ajoute :

« Des soins constants, une vigilance infatigable et de lourds sacrifices sont nécessaires si l'on veut sauver une partie de la nouvelle génération ; ces sacrifices ne seraient d'ailleurs qu'une avance de fonds, car combien d'enfants, abrutis dès leurs premières années, sont destinés à la prison, à l'hospice ou à l'asile d'aliénés ! »

Une autre maîtresse fait cette remarque intéressante que la cantine a eu cet avantage imprévu d'affranchir les pères de famille de l'obligation (où ils se croyaient tenus) de consommer de l'alcool dans les auberges qui recevaient leurs enfants.

Les élèves de la division supérieure de l'école sont habituées, en différents endroits, à préparer le repas de midi avec l'institutrice ou la femme préposée à la cantine ; elles apprennent à faire diverses soupes, à cuire les aliments, à dresser le couvert, puis à nettoyer et ranger les ustensiles.

Ainsi, malgré l'installation de fortune que présente l'enseignement ménager dans trop peu d'écoles encore, cet organisme nouveau rend déjà de précieux services à la classe ouvrière, en particulier. Le début est encourageant pour les progrès futurs à réaliser.

2° L'ENSEIGNEMENT MÉNAGER DANS LES ÉCOLES PRIMAIRES SUPÉRIEURES ET AUX COURS D'ADULTES.

a) L'enseignement ménager dans les écoles primaires supérieures. — Ces établissements viennent d'être dotés de programmes nouveaux, en date du 26 juillet 1909. Il importe de s'en montrer satisfait en ce qui regarde l'enseignement ménager, car quinze heures par semaine lui sont consacrées en deuxième et troisième années, sous forme de leçons d'économie domestique, de travaux à l'aiguille, de soins du ménage et du jardin.

L'enseignement comporte des leçons théoriques et une partie largement pratique. Nous pouvons en attendre les résultats avec confiance, si les maîtresses chargées de son application, tout en respectant la lettre, savent s'imprégner de son esprit.

b) L'enseignement ménager aux cours d'adultes. — Les cours d'adultes pour jeunes filles sont moins nombreux et moins fréquentés encore que ceux des garçons. Là où ils existent, les préoccupations ménagères y semblent tenir une place importante.

Les cours de cuisine trop théoriques consistent, le plus souvent, à enregistrer des recettes sans base scientifique pour la préparation de certains aliments ; de temps à autre, le jeudi ou le dimanche, on confectionne un entremets, un plat sucré, quelque friandise qu'on déguste en famille pour clore la séance.

Les conseils relatifs à la tenue du ménage sont complétés par des indications d'ordre économique, touchant le budget de la famille, les comptes de recettes et de dépenses, etc.

Les cours de coupe et d'assemblage, les exercices de tricot, de crochet, de broderie, etc., sont de beaucoup les plus nombreux ; les jeunes filles y préparent, tantôt pour leur usage personnel, tantôt au profit d'une œuvre de bienfaisance ou d'assistance maternelle, des vêtements, des objets de lingerie et de décoration des appartements, des layettes, etc.

Œuvres du trousseau. — Diverses institutrices ont été fondatrices de ces « Œuvres du trousseau », associations ayant pour but de grouper des jeunes filles de la classe ouvrière en vue de la confection, par un travail exécuté en commun, des pièces de lingerie essentielles à leur futur ménage. Au nombre de plus de 300 aujourd'hui sur toute l'étendue du territoire, et cependant trop peu connues encore, ces institutions qui orientent de bonne heure l'esprit des jeunes filles vers le mariage et la vie de famille, en leur apprenant la valeur de l'épargne et la vertu de l'effort persévérant vers ce but honorable, constituent une œuvre sociale au premier chef, complément nécessaire de l'enseignement ménager : celui-ci forme les bonnes ménagères ; celle-là. les épouses ordonnées (1).

Plusieurs écoles de Paris et de la banlieue sont le siège de quelques-unes de ces œuvres particulièrement prospères et méritent les plus vifs encouragements ; les résultats en sont excellents, non seulement pour les jeunes filles mais encore pour leurs pères qui font effort de tempérance afin de payer la cotisation annuelle variant de 6 à 8 francs suivant les institutions et le nombre des pièces composant un trousseau.

De même des *écoles ménagères* fonctionnent en diverses villes sous la direction d'institutrices le plus souvent. A Troyes, par exemple, les cours de cuisine, de lessivage, de repassage, de coupe et confection, sont suivis chaque jeudi par un certain nombre de grandes élèves de chaque école communale, et par des jeunes filles déjà sorties de l'école.

III. — Œuvres connexes.

A. — ÉCOLES DE GARÇONS.

Enseignement agricole. — *Partout où domine l'industrie règne l'alcoolisme. Les populations agrico-*

(1) Une *Union nationale des œuvres du trousseau* [siège social : 185, rue de Charonne, à Paris] est destinée à coordonner les efforts actuellement disséminés sur tout le territoire français et à fortifier la propagande par le bénéfice de l'expérience acquise.

les proprement dites, avons-nous vu, sont plus sobres, plus prévoyantes ; il importe donc, par l'éducation, par l'enseignement, de maintenir le paysan attaché à sa terre, à son village, en l'initiant aux moyens d'améliorer le rendement de son exploitation.

L'enseignement agricole est donc l'un des plus heureux auxiliaires de la lutte contre l'alcoolisme ; les maîtres s'y sont, pour la plupart, adonnés de grand cœur. Mais, là aussi, les notions théoriques sont insuffisantes pour aboutir à un louable résultat : on ne fait pas d'agriculture et d'horticulture en chambre ; trop peu nombreux sont les *champs d'expérience* mis à la disposition des instituteurs (car, là où les municipalités en ont concédé, les professeurs d'agriculture prêtent leur concours empressé aux maîtres qui deviennent, en fait, leurs plus constants collaborateurs). Les grandes villes mises à part, il existe encore des bourgades dont les maîtres sont dépourvus du moindre carré de jardin où ils pourraient cependant faire quelques expériences d'acclimatation de telle variété de légume encore inconnue ou inusitée dans le pays.

(Il est juste de dire que certains instituteurs, tout en étant dotés d'un jardin, n'en tirent pas tout le parti possible au point de vue de leur enseignement.)

Sylviculture. — Sociétés scolaires pastorales et forestières. — En France, 7 à 8 millions d'hectares (un septième environ de la superficie du territoire) sont incultes à l'heure actuelle ; steppes d'ajoncs, de bruyères ou de fougères, ici ; landes marécageuses, là-bas ; maquis par ailleurs. Il suffirait à l'homme de le vouloir pour que forêts, pelouses pastorales, cultures productives, reprissent possession de ces déserts, embellissant ces terrains dénudés, à telle fin que la vie s'y manifeste sous tous ses aspects.

Quel vaste champ d'activité et combien éloigné de l'atmosphère pestilentielle du cabaret ! Comment résoudre les populations rurales à une si belle et si noble entreprise ? par l'école, par l'enfant, par le maître encore.

Les quelques leçons d'antan sur l'exploitation des forêts et l'entretien des prairies sont passées dans le domaine des réalisations : dans les Vosges, le Jura et le Alpes, sur les versants des Maures, des Pyrénées et des Cévennes, dans le Massif central, sur l'initiative primordiale d'un instituteur du Jura, on a joint l'exemple à l'action, l'action à l'étude ; des sociétés scolaires forestières et pastorales se sont fondées. « Ces petites associations, au nombre de 200 environ, ont non seulement pour but de développer parmi leurs membres l'amour des arbres avec des notions de sylviculture et d'amélioration pastorale, mais elles exécutent elles-mêmes des travaux sous la direction de l'instituteur, et déjà elles ont remis en valeur plusieurs centaines d'hectares, planté plus de 2 millions de plants forestiers sur les terrains communaux. » (Manuel de l'Arbre : Touring-Club de France.)

C'est, dans un village de la Haute-Saône, le reboisement en six ans de 22 hectares de terrains particuliers opéré par les enfants, initiés ainsi à la vie des plantes en général et des espèces forestières en particulier, à l'amélioration du capital foncier, à l'embellissement et à la richesse du sol natal auquel leur cœur demeurera attaché. C'est un ensemble de collines dévastées par les incendies, concédées à la section de sylviculture et de reboisement d'une école de Marseille qui y effectue, le dimanche, des semis et des plantations de jeunes arbres ; papas et grands frères se joignent souvent aux écoliers et prennent goût à ces excursions familiales, etc.

Cours de navigation. — Institués dans les principaux ports de mer, ces cours semblent n'avoir qu'un médiocre succès ; au point de vue de la lutte antialcoolique, leur effet est à peu près nul.

B. — ÉCOLES DE FILLES

a) *A l'école.* — La jeune fille est appelée à devenir femme, à devenir mère ; elle doit être préparée à envisager la responsabilité qui lui incombe, à ce double titre, auprès de sa future famille : à cet effet, elle reçoit des notions de médecine pratique et de puériculture.

Soins médicaux. — Le mari, les enfants peuvent tomber malades, être victimes d'un accident ; il faut que la femme soit capable de prendre les précautions nécessaires en l'attente du médecin, sans avoir toutefois la prétention de se substituer à lui.

(Cette restriction me paraît d'autant plus utile à formuler ici qu'un auteur-femme, écrivant un ouvrage élémentaire intitulé : *Enseignement ménager*, y a inséré, avec une rare incompétence, des appréciations déplacées sur le compte des médecins, des préceptes ridicules et des prescriptions nuisibles) (1).

Au lieu de s'exposer à des méfaits qui peuvent prendre un caractère d'une certaine gravité, l'institutrice ferait bien de prier un médecin de la localité ou le médecin-inspecteur des écoles de donner aux jeunes filles, en quelques entretiens, les notions de médecine élémentaires (emploi de quelques remèdes simples, préparation et emploi de tisanes, confection et application des cataplasmes, ligatures, soins nécessités par les coupures, coups, saignements de nez, étourdissements, syncopes, etc.).

(1) On consultera à ce sujet le *Journal de médecine et de chirurgie pratiques* du docteur Lucas-Championnière, t. LXXX, 25 février 1909, 4° cahier, page 158.

« Au médecin, écrit d'ailleurs le docteur Legendre, revient, sans contestation possible, l'enseignement de l'hygiène à l'école. »

Il est regrettable que, malgré le vote de la loi du 30 octobre 1886, l'inspection médicale des écoles primaires ne soit réalisée qu'à Paris et dans quelques grandes villes.

Puériculture. — Les notions d'hygiène infantile, d'alimentation des nouveau-nés et des jeunes enfants, sont d'importance capitale en France, où la natalité est si faible que nous devons tenter l'impossible pour réduire la mortalité infantile (mortalité si effroyable dans les départements plus particulièrement contaminés par l'alcoolisme, la tuberculose... et l'ignorance des mères).

Évidemment, ici encore, il serait préférable qu'un médecin se chargeât d'éclairer les jeunes filles et les jeunes mères, comme l'a fait dernièrement à Paris M. le professeur Pinard en de remarquables entretiens.

Une autre innovation heureuse, mais d'application trop rare également et dans quelques villes, c'est l'assistance des fillettes du cours supérieur des écoles primaires et des jeunes filles aux *consultations de nourrissons* imaginées par M. le professeur Budin : ces consultations où les mères apprennent à élever, soigner et nourrir leur enfant avec sollicitude, propreté et régularité, ne constituent-elles pas de parfaites leçons pratiques de puériculture ? Or, il n'y a pas 100 écoles de jeunes filles, en France, où cette innovation soit utilisée.

b) *A côté de l'école.* — *Écoles ménagères ambulantes.* — Parmi les vœux adoptés par le congrès international d'enseignement ménager, tenu à Fribourg en septembre 1908, figure celui-ci :

« L'installation d'une école ménagère, soit urbaine, soit rurale, doit satisfaire aux besoins divers de l'enseignement collectif, en demeurant simple et en reproduisant, autant que faire se peut, le milieu familial de la généralité des élèves.

« Il est désirable d'ouvrir des *cours volants* portant sur tout l'ensemble de l'enseignement, dans les contrées où cet enseignement n'est pas encore connu ou suffisamment apprécié, et dans les communes ne disposant pas de ressources suffisantes. Ces cours volants devront dépendre d'un siège central qui assurera à l'ensemble des efforts la coordination et la méthode. En vue des cours d'enseignement ménager, on devra demander aux autorités ou aux institutions privées qui construisent de nouveaux bâtiments scolaires, de réserver toujours des locaux spécialement destinés à cette fin. »

Or, les deux sortes de créations envisagées ici étaient déjà réalisées en France à l'époque :

L'école ménagère de la ville de Troyes que j'ai citée déjà, fondée en 1907, est un modèle du genre par son organisation, la suite et la valeur de son enseignement.

Des *écoles ambulantes ménagères agricoles* pour jeunes filles existent dans les départements des Côtes-du-Nord, du Nord, du Pas-de-Calais, de l'Oise, de l'Aisne, de la Haute-Marne, de la Haute-Loire et du Puy-de-Dôme, donnant des résultats de nature à en encourager l'extension dans le pays.

IV. — Matériel d'enseignement.

De même que l'ouvrier emploie des outils pour travailler la matière qu'il transforme, de même l'éducateur a besoin d'un matériel d'étude et de démonstration pour pétrir à son gré le cerveau de ses élèves.

Ce matériel comprend : la bibliothèque d'éducation et d'instruction générale et, au point de vue

spécial qui nous occupe ici, un musée antialcoolique, des tableaux, gravures, maximes, affiches,
tracts, almanachs, bons points ; bref, tout ce qui
est indispensable à une propagande active.

Bibliothèques. — « Nous voudrions faire lire nos
enfants et leurs parents, dit un instituteur de la Gironde ; malheureusement, nous ne possédons qu'un
embryon de bibliothèque formé de livres presque
tous sans intérêt aujourd'hui. Nous écrivions
en 1900 :

« Il y a un peu de joie à la maison le samedi, car
le père a touché sa semaine ; pour entendre lire son
fils, il oubliera parfois de sortir, d'aller vers le débit où l'on joue et où l'on boit ; la mère fera sa vais-
selle en silence ; on discutera sur l'histoire intéressante, sur l'illustration qui vivifie le texte, sur le
dessin de l'album confié au tout petit... et, insensi-
blement l'heure du repos étant arrivée, on remettra
la suite au lendemain. Livre, journal, album seront
rapportés le lundi à l'école et le bon maître fera
causer ses élèves, rectifiera doucement les erreurs
d'interprétation, fera trouver l'idée juste et tirer une
conclusion ou prendre des résolutions à son audi-
toire charmé. »

De l'avis de tous, la bibliothèque scolaire est un
précieux appoint pour la lutte antialcoolique, à condition toutefois de n'être pas d'une lamentable pauvreté. Comment remédier à cette pénurie d'ouvrages
et surtout de livres intéressants ? M. l'inspecteur
d'académie Deries en indique le moyen dans son
rapport au conseil départemental de l'enseignement
primaire de la Manche (16 juillet) ; j'en cite quelques extraits :

Très humble en apparence, la question des bibliothèques scolaires est l'une des questions capi-
tales. Il faut fondre ensemble les bibliothèques qui
font double emploi, celles de l'école des garçons et

de l'école des filles dans la même commune rurale ; certains livres qui conviennent aux jeunes gens ne convenant pas aux jeunes filles et inversement, on adjoindra à la bibliothèque commune un rayon spécial aux ouvrages de jeunes filles. A quoi bon encore des bibliothèques scolaires et des bibliothèques populaires ? Ainsi la bibliothèque unique comprendra des rayons distincts affectés aux ouvrages : pour enfants de sept à dix ans, de dix à treize ans ; pour jeunes gens de treize à seize ans ; pour les hommes faits. Faisant preuve de tact et de sûreté de jugement, l'instituteur fera ce travail de répartition. — D'une façon générale, on a trop oublié jusqu'ici les jeunes enfants. Si l'on fait contracter de bonne heure le goût de la lecture aux petits, en leur donnant des livres agréables et vraiment de leur âge, ils conserveront en grandissant cet amour de la lecture.

Comment alimenter les bibliothèques ainsi conçues ? L'Etat et le département y consacrent, chaque année, des sommes relativement importantes ; mais les communes comptent trop sur ces subventions qui, précisément parce qu'elles sont nombreuses, sont fort peu élevées pour chacune.

Il est indispensable que les communes fassent elles-mêmes des sacrifices et que les lecteurs s'imposent, eux aussi, de petites contributions volontaires. Que d'argent dépensent, en choses futiles ou nuisibles, les enfants et les adultes avec ou sans le consentement de leurs parents ! Il suffirait, par contre, de bien minimes sacrifices pour permettre à l'enfance et à la jeunesse de disposer de ce merveilleux instrument d'instruction et d'éducation personnelle : le livre.

Tant qu'une bibliothèque renferme des livres nouveaux, il y a des lecteurs ; d'ordinaire, lorsque tous les livres nouveaux intéressants ont été épuisés, les

lecteurs ne reviennent plus, cela se conçoit... De
là la nécessité de sacrifices à l'agrément, tout au
moins dans une certaine période, pour faire passer
graduellement le lecteur des livres simplement amu-
sants aux livres intéressants, finalement aux livres
instructifs. D'autre part, puisque l'on ne peut, faute
d'argent, acheter autant d'ouvrages qu'il conviendrait, il faut trouver des combinaisons pour provoquer partout, avec le moins de frais possible, la
mise en circulation du plus grand nombre d'ouvrages possible. C'est dans cet esprit qu'a été instituée
la bibliothèque circulante du canton de S... due à
l'initiative et l'ingéniosité de M. N..., inspecteur
primaire.

Cette bibliothèque, dont le cercle d'action se con-
fond avec les limites mêmes du canton, a des statuts approuvés, une administration élue ; elle possède des caisses qui circulent dans les différentes
communes selon les prescriptions d'un règlement.
A l'appel des instituteurs et institutrices, 232 sociétaires inscrits dès la première heure ont versé
315 francs de cotisations ; des quêtes ont produit
20 fr. 95 ; les municipalités intéressées ont accordé
75 francs de subventions : enfin 35 francs de dons
ont été reçus, budget total : 454 fr. 95, modeste, il
est vrai, mais suffisant pour pouvoir rendre des
services.

Il y a là un exemple à suivre : la *bibliothèque
cantonale* n'est ni trop grande, ni trop petite. Trop
grandes, les bibliothèques d'arrondissement ne seraient pas viables en raison de l'organisation trop
compliquée qu'elles exigeraient. Trop petites, les
bibliothèques communales n'ont qu'une existence
précaire et ne rendent que peu de services, parce
qu'elles ne se renouvellent pas. La bibliothèque
cantonale a les proportions qui conviennent, car on
ne s'intéresse pas aux entreprises lointaines, au

fonctionnement desquelles on reste étranger, tandis qu'on apporte personnellement tous ses soins à une entreprise prochaine à laquelle on est mêlé.

Vœu. — Il est désirable que cette institution des bibliothèques cantonales soit réalisée à bref délai ; au cas où diverses communes y refuseraient leur concours, il conviendrait d'imposer à leurs municipalités un crédit annuel (dont le quantum reste à déterminer) destiné à l'entretien et au renouvellement des ouvrages de leurs bibliothèques scolaires. (Un instituteur de la Loire.)

Tableaux, gravures, affiches, etc. — Les maîtres se plaignent amèrement, en très grande majorité, non seulement de la pénurie de leurs bibliothèques, mais encore de tous autres moyens d'action frappants en matière d'enseignement et de propagande antialcooliques.

Trop peu d'écoles sont pourvues de tableaux antialcooliques à cause de leur prix élevé, et les maîtres qui en disposent se plaignent de leur faible valeur esthétique en général. Nous espérons voir paraître, dans un avenir prochain, un tableau de prix modique, à la fois illustré et scientifique — donc, doublement instructif — ayant sa place marquée dans tous les établissements d'instruction évidemment et aussi sur les murs des monuments publics (mairies, tribunaux, musées, bibliothèques, bureaux de postes et télégraphes, casernes), des salles d'attente des gares, des usines, des ateliers, etc. Ainsi les dangers de l'alcool seront révélés à tous, à l'école et hors de l'école, d'une manière permanente.

Gravures, images, bons points, almanachs illustrés, etc., représentant des scènes d'intempérance et leurs conséquences, ne manquent pas en France depuis quelques années ; mais, outre que certaines de ces productions sont de grossière facture avec des scènes horribles d'effet douteux sur l'esprit des

enfants, les instituteurs n'ont pas les crédits nécessaires pour assurer la diffusion des meilleures tout
au moins.

Des maximes rurales, d'excellentes affiches périodiques, sont également publiées chez nous ; il
conviendrait d'en retenir les meilleures, les plus
suggestives, pour les préaux et les cahiers des écoles, de les répandre toutes à profusion sur les murs
des villes et des moindres bourgades.

Certains maîtres réclament même l'exposition
obligatoire de ces affiches dans les débits et à l'en-
droit le plus en vue. (Instituteurs du Tarn, de Tarn-
et-Garonne, de la Haute-Loire.)

Des vues pour projections lumineuses, des scènes cinématographiques sont quelquefois employées
au cours de conférences faites soit au cours d'adultes, soit au public ; malheureusement un nombre
suffisant de lanternes à projections fait défaut dans
les campagnes ; les maîtres en réclament avec insis-
tance.

*Musées antialcooliques. — Pièces anatomiques
de démonstration.* — Quelques maîtres seulement
mentionnent la création de petits musées antialcooliques dans leurs écoles.

M. Rouppert, successeur de M. Tramond (rue de
l'École-de-Médecine, Paris), vient de constituer une
superbe collection en cire de 9 pièces anatomiques,
faites d'après nature, représentant l'estomac, le foie,
le cœur et le cerveau d'alcooliques invétérés, en
comparaison avec les mêmes organes pris chez des
hommes sains. Ces pièces d'exécution irréprochable
puisqu'elles ont reçu l'approbation des professeurs
Lancereaux, Letulle et Triboulet, sont accompagnées
d'une légende explicative. Elles ont fait, dès leur
apparition, la plus vive impression sur le public
et sont appelées à jouer un rôle primordial dans les

cours et les conférences populaires. Je souhaite que le siège de chaque inspection primaire soit doté d'une semblable collection qui serait confiée, à tour de rôle, aux divers éducateurs et conférenciers de la circonscription.

V. — Associations amicales. — Patronages scolaires.

Les cours d'adultes sont peu fréquentés (quand ils existent) ; les moyens matériels de propagande antialcoolique ne peuvent que trop rarement être mis en œuvre, faute de ressources. — En antialcoolisme, comme pour tant d'autres belles initiatives, il faut des hommes et de l'argent. Les uns et l'autre peuvent être acquis par les *amicales* et les *patronages*.

« Les *Amicales* ou associations d'anciens élèves ont pour effet de recruter les élèves du cours d'adultes, mieux suivis alors et plus féconds en résultats. Mais il faut une sanction au travail, de l'émulation et de la discipline : le rêve des adultes, c'est le voyage instructif, la géographie en action. Si une amicale peut faire voyager ses membres tous les deux ans, leur faire visiter quelque région intéressante de notre pays ou des pays voisins, ses membres ne la quitteront pas ; et, plus tard, leurs enfants la fréquenteront. L'habitude engendrant l'habitude, les écoles du jour et du soir seront plus prospères et la lutte contre l'alcoolisme sera rendue plus efficace.

« Subventions désirables de l'État et de la commune, droits d'entrée, cotisations des membres actifs et honoraires, produit des soirées récréatives : telles sont les ressources possibles d'une amicale. » (Un instituteur de l'Yonne.)

Diverses amicales ont créé des *Patronages* dont

quelques-uns sont très florissants : par exemple
l'un d'eux, situé dans le 11ᵉ arrondissement de Paris, reçoit les élèves de l'école à partir de l'âge de
dix ans, également ceux des écoles voisines non
dotées de patronages ; son effectif est de 305 membres dont 165 pupilles. Dans les réunions du dimanche après-midi ont lieu des lectures commentées,
des appréciations sur les événements suscités par
l'alcoolisme, des explications à l'aide des tableaux
antialcooliques, des promenades hygiéniques et
instructives dans les environs de Paris, des fêtes
familiales, des conférences populaires, des matinées
littéraires, auxquelles assistent les parents et les
amis des pupilles et des sociétaires : tels sont les
moyens employés pour écarter du cabaret jeunes
gens et bon nombre de parents.

Le patronage, en maintenant l'enfant et l'adolescent sous l'influence protectrice du maître, est donc
à la fois éducatif et instructif ; il est récréatif et
hygiénique, en ce qu'il comporte des jeux et exercices de plein air et d'intérieur, de la gymnastique
et de l'escrime avec de la musique instrumentale, du
chant, de la diction, etc., etc., dans les patronages
les mieux organisés. A ce sujet, en dehors de la
Seine, quelques-unes des régions les plus favorisées
sont : l'Aube, les départements de la frontière de
l'Est et du Nord, la Manche, le Loiret, le Rhône, etc.

Les patronages de jeunes filles ne sont pas moins
utiles que ceux de jeunes gens en y développant,
avec un complément d'instruction générale toujours
nécessaire, l'éducation ménagère sous tous ses aspects.

Amicales et patronages tempérants. — Que les
maîtres et directeurs d'amicales et de patronages inscrivent la *clause de tempérance* dans les statuts de
ces associations (comme cela s'est fait déjà pour un
certain nombre d'entre elles), qu'ils tiennent la main

à ce que cette clause soit respectée, et la France possédera bientôt une pléiade de jeunes gens et de jeunes filles instruits et de bonne tenue, fondateurs des milieux domestiques de demain où, entre autres vertus familiales, la tempérance aura fait élection de domicile.

Et ainsi sera réalisé, en partie du moins, cet idéal tracé naguère par M. Raymond Poincaré, alors ministre de l'instruction publique :

« Ce qui importe c'est que, partout où il y a une école, on sache que cette école n'est pas faite seulement pour les petits écoliers, qu'elle reste ouverte à leurs frères aînés ; on peut espérer que, d'ici à quelques années, à mesure que les mœurs républicains auront pénétré plus avant dans les populations, l'école dans chaque village sera connue de tous comme la maison de la jeunesse toujours hospitalière à ses anciens élèves, comme le foyer intellectuel du pays, le rendez-vous où l'on se retrouve à tout âge pour étudier, lire, s'instruire, échanger des idées, élèves et maîtres, apprentis et écoliers, instituteurs et pères de famille. » (Circulaire de M. le ministre de l'Instruction publique aux membres des délégations cantonales, 10 juillet 1895.)

VI. — Institutions d'épargne.

« *La sécurité de l'avenir est basée sur la prévoyance, l'épargne et la mutualité.* Si l'ouvrier d'usine, si le travailleur des champs avaient été habitués dès l'âge le plus tendre à l'économie, répudiant les dépenses inutiles et même nuisibles du cabaret (pour les hommes), les dépenses superflues d'un luxe effréné et de mauvais aloi (pour les femmes), ils sauraient se constituer une réserve pour le chômage, la maladie et la vieillesse ; ils crieraient moins contre les capitalistes ; nous verrions moins de désœuvrés, de déclassés, noyer leurs regrets ou leurs remords au fond d'un verre où ils perdent santé, dignité personnelle, amour de la famille, de la société et de notre patrie bien-aimée. » (Un instituteur du Doubs.)

Ce petit morceau d'éloquence, frappé au coin du plus pur bon sens, est, sans nul doute, la traduction fidèle des sentiments qui ont inspiré les fondateurs des caisses d'épargne scolaires. et des mutualités scolaires.

a) *Epargne*. — Un mouvement prodigieux d'épargne chez les enfants, par l'institution des caisses d'épargne scolaires, a été suscité par la loi du 20 juillet 1895 qui autorise les caisses d'épargne à émettre des bons ou timbres d'un prix inférieur à 1 franc et à recevoir ces coupures lorsque, réunies, elles représentent le montant du versement minimum autorisé.

Ainsi l'enfant peut confier, sou par sou, ses petites économies à l'instituteur qui colle sur son livret un timbre mobile indiquant le montant de la somme reçue ; l'enfant voit son petit capital s'accroître de mois en mois, d'année en année ; la famille, doucement contrainte, prélève volontiers sur le superflu, si maigre soit-il, pour récompenser plus largement le petit bonhomme prévoyant, de son activité plus grande et de l'ordre plus parfait qu'il apporte à son travail.

« Les parents de mes élèves rivalisent de zèle, écrit un instituteur de la Drôme, pour assurer l'avenir à leurs enfants ; j'ai vingt-deux élèves dans ma classe, tous font partie de la société de secours mutuels et de retraites de la circonscription de Die ; même les plus aisés font des versements supplémentaires atteignant 50 ou 100 francs pour la retraite chaque année... Cette population, essentiellement composée d'agriculteurs, est sobre, travailleuse et surtout prévoyante ; sur 211 habitants, 90 font partie de sociétés de prévoyance ou de retraite. »

b) *Mutualité*. — Si, par l'institution précédente, l'enfant est incité à l'épargne, par la pratique de la mutualité scolaire l'instituteur sème dans son âme des idées de générosité, de solidarité, qui influent de la manière la plus heureuse sur la discipline d'abord, qui créent aussi d'inoubliables relations d'affectueux intérêt entre les enfants qui en font partie.

La mutualité diffère de la prévoyance en ce qu'elle ne laisse pas chacun supporter son faix, elle le répartit sur les épaules de tous ; chacun, outre la part de ses propres épreuves, ressent une part de celles de chacun des autres ; elle unit ses adhérents par un lien moral autant que matériel ; elle leur demande plus que le versement pécuniaire dont se contenterait l'assurance, elle veut la sympathie agissante, le don de soi-même : elle suppose la fraternité (Georges Grau).

Aujourd'hui, les petits mutualistes, les adhérents aux petites Cavé, se comptent par centaines de mille. Tout enfant qui s'engage à payer 10 centimes par semaine reçoit un livret de mutualité, sur lequel les sommes versées successivement sont totalisées chaque année. En cas de maladie, l'enfant a droit à une indemnité journalière de 50 centimes pendant une durée variable et, dans certaines mutualités, à une rente de 100 francs dès qu'il atteint cinquante-cinq ans, s'il n'a cessé de faire ses versements hebdomadaires.

Les groupes mutualistes sont plus nombreux et plus importants dans les régions agricoles, moins envahies par l'alcoolisme.

Les exemples pullulent des résultats merveilleux

auxquels aboutissent ceux dont la vie a été faite de labeur, de sobriété et d'économie ; je n'en veux citer qu'un, tiré du rapport d'un instituteur de la Gironde :

« Il faut faire en sorte, par des leçons spéciales aux enfants et des conférences aux parents, que les élèves se munissent, moyennant 2 francs, d'un livret de caisse d'épargne postale et d'un livret de la caisse nationale des retraites pour la vieillesse. — Depuis vingt-sept ans, je fais voter par le conseil municipal un crédit de 1 franc par élève sous la rubrique : « Achat de récompenses aux élèves. » 1 fr. 50 de bons points suffisent pour récompenser une trentaine d'élèves ; car, lorsqu'ils ont reçu quinze de ces bons points (à 15 centimes le cent), ils me les rapportent et je leur donne un sou qu'ils versent immédiatement à la caisse d'épargne scolaire ; lorsqu'ils ont gagné 1 franc, je leur prends un livret de caisse d'épargne ; dès qu'ils ont gagné 1 franc encore, je leur prends un livret de la caisse des retraites pour la vieillesse. Ayant ainsi appris le chemin de ces deux caisses, ils continuent leurs versements.

« En ce qui me concerne, j'ai donné l'exemple : en ne mettant jamais les pieds au café, j'ai pu placer 15,800 francs à capital réservé, à la caisse nationale des retraites ; ce qui nous assure, à ma femme et à moi, une rente annuelle de 2,523 francs dont nous jouissons depuis l'âge de cinquante ans. »

Mutuelles scolaires forestières. — Dans la Loire et les Vosges se sont greffées, sur les petites Cavé, des mutuelles scolaires forestières. Sur des terrains acquis par ces associations, grâce à de généreux donateurs ou à des concessions consenties par les communes, des travaux de plantations exécutés par leurs membres créent des peuplements forestiers dont l'exploitation future servira à grossir leurs fonds de retraite.

VII. — Institutions accessoires.

Les *Sociétés sportives* (tir, gymnastique, escrime, préparation militaire, etc.) répondent au *desideratum* exprimé par le général Mercier-Milon, président de la commission interministérielle instituée par décret du 22 décembre 1904, en vue d'unifier les méthodes dans l'enseignement de la gymnastique.

« Notre race, dit-il, est menacée d'une déchéance fatale si l'on ne parvient pas, par un vigoureux effort, à faire sentir à tous la nécessité absolue d'imposer à la jeunesse l'éducation physique comme on est arrivé à lui imposer l'instruction, en la rendant obligatoire. »

Ce sont, de plus, de réels adjuvants dans la lutte contre l'alcoolisme ; mais, les sociétés de tir mises à part en majeure partie, les groupements de gymnastique, les sociétés musicales ne sont pas généralement en faveur auprès des maîtres qui les dénoncent comme des foyers d'alcoolisme, au contraire.

« Toute réunion de ces sociétés se termine au cabaret ; — d'ailleurs nombre d'entre elles ont un café pour siège social ; — dans la plupart des villages, les tenanciers d'auberge sont tous membres honoraires de ces sociétés ; — pour la majorité des adhérents adolescents, les réunions, les répétitions, sont surtout les occasions souhaitées d'échapper à la surveillance paternelle pour passer une partie de la nuit au café, etc. » : telle est la nature des dépositions les concernant ; ma foi d'antialcooliste à leur égard est, de ce fait, considérablement ébranlée.

VIII. — Sanctions. — Récompenses.

Vœux. — Tout cet ensemble d'efforts déployés par les maîtres à l'école et dans les œuvres postscolaires pour épargner au pays la honte de la déchéance physique et morale, pour le sauver de l'asservissement à l'alcool précurseur d'un asservissement d'autre sorte, ne saurait être dépensé en pure perte ou, tout au moins, avec un minimum de profit. Il faut à tout cela des sanctions et des encouragements.

a) *Sanctions.* — Les instituteurs réclament, à l'examen du certificat d'études primaires, une sanction pour les enseignements antialcoolique et ménager donnés à l'école du jour, afin que l'enfant et la famille soient convaincus de leur importance et y portent l'attention nécessaire (*desiderata* n°⁵ 53 et 58.)

Ils réclament des avantages spéciaux (à préciser) pour les jeunes gens justifiant d'une assiduité satisfaisante aux cours d'adultes, ou participant d'une manière effective sérieuse aux œuvres postscolaires (associations amicales, patronages, sociétés diverses tempérantes) en vue d'acquérir un complément d'instruction générale professionnelle, ou d'aider par leur activité au succès de ces œuvres.

La Commission ministérielle, nécessaire pour l'organisation des cours d'adultes, serait appelée à statuer sur les sanctions à réclamer, en faveur des jeunes gens et des jeunes filles, auprès des autorités de divers ordres : militaires et maritimes, industrielles et commerciales, administratives, etc.

b) *Récompenses.* — L'émulation, écrivais-je en 1908, vaut en matière d'antialcoolisme comme en toute autre matière d'enseignement ; mais l'idée de faire le bien pour la seule satisfaction de sa conscience n'est pas encore communément ancrée dans l'esprit des enfants, pas plus que chez les grandes personnes d'ailleurs. Cet avis est confirmé par la déposition suivante :

« L'instituteur comprenant l'absolue nécessité de dérober le jeune homme aux entourages compromettants, d'exciter chez la jeune fille l'amour du foyer, s'est dévoué à cette belle œuvre ; mais le labeur est ardu : libre en droit jeudis et dimanches, l'instituteur, dans certaines localités, travaille davantage ces jours-là. Or, quoique le personnel enseignant n'ait jamais hésité lorsqu'on a fait appel à son dévouement, il a ses faiblesses humaines ; des rétributions plus régulières ou plus fréquentes, de la part des communes ou de l'État, auraient certainement de bons effets. D'autre part, on remarque chez les adultes généralement un peu moins d'ardeur pour les réunions si salutaires de l'école ; là encore ne faudrait-il pas quelque excitant pour nous remettre la jeunesse et même l'âge mûr entre les mains ? » (Un instituteur de l'Isère.)

En ce qui regarde les élèves d'abord, parmi les diverses propositions qui sont faites, je dégage celle-ci :

« Il serait désirable que, grâce aux pouvoirs publics et à l'initiative privée, l'instituteur pût disposer de ressources suffisantes pour organiser solennellement une *fête de la tempérance* où, après conférence et séance récréative, on pût récompenser par des diplômes, prix, médailles ou livrets de caisse d'épargne, les enfants et jeunes gens qui auraient pris une large part à la lutte contre l'alcoolisme. » (Instituteurs de l'Hérault, des Alpes-Maritimes, de l'Aube, de l'Ariège, de la Corse, d'Alger, de l'Aveyron, etc.).

Un maître de Saône-et-Loire demande même qu'il soit institué un ordre de décoration spéciale pour ré-

compenser et encourager les lutteurs pour la cause
antialcoolique.

En ce qui regarde les maîtres, je me permettrai
de présenter un projet spécial au chapitre des *desiderata généraux* (n° 81).

B. — LYCÉES ET COLLÈGES

L'alcoolisme est-il une tare spéciale à l'ouvrier,
au paysan ? N'a-t-il pas pénétré dans la bourgeoisie,
dans les sphères dirigeantes ? Il suffit, pour répon-
dre à cette question, de voir la clientèle habituelle
des cafés dans les bourgs et les petites villes, aux
heures où le travail des champs, de l'usine ou de
l'atelier, appelle les ouvriers ; il suffit de voir, à
toute heure dans les agglomérations importantes,
ceux qui fréquentent les cafés, bars, estaminets, etc. :
des bourgeois oisifs, des fonctionnaires plus ou
moins désœuvrés, des négociants en affaires. Oh !
certes, les uns et les autres donnent rarement le
triste spectacle de l'ivresse poussée à ses dernières
limites ; mais un certain nombre d'entre eux, tout
au moins, portent les stigmates d'un état alcoolique
plus ou moins prononcé.

Bref, la classe aisée offre rarement des exemples
de l'ivrognerie immonde et répugnante, mais assez
fréquemment ceux de l'alcoolisme sournois.

L'enseignement antialcoolique et ménager s'impose donc dans les établissements d'enseignement
secondaire, tout comme dans les écoles primaires ;
l'autorité universitaire l'a formellement reconnu en
introduisant, dans les programmes de 1902, des
questions précises touchant cette matière, avec des
instructions non moins claires.

Mais, là comme dans les classes primaires, le
professeur doit être animé d'une foi ardente, d'une
conviction absolue, d'une généreuse bonne volonté,

pour donner à son enseignement de l'ampleur, de l'attrait et de la vie.

« La tâche du professeur de lycée ou de collège, ai-je dit par ailleurs, est plus délicate qu'à l'école primaire ; ses élèves réfléchissent, raisonnent, ergotent quelquefois ; à bon droit, ils ne se contentent pas d'affirmations ; ils demandent des preuves inséparables de tout enseignement vraiment scientifique.

« Qu'il soit largement documenté et, sa conviction étayée sur des bases solides, le lycéen préservera non seulement sa personne, mais ses semblables, par son exemple et sa parole ; ce sera un apôtre, lui aussi, auquel on pourra accorder toute confiance. »

Là où de telles idées sont mises en pratique, les résultats sont des plus encourageants ; or, le sont-elles aussi généralement qu'il convient ?

Quelque doute est permis puisque, dans les rapports concernant leurs circonscriptions respectives, les hautes autorités universitaires n'ont fait que rarement état d'efforts tout spéciaux déployés par le personnel de l'enseignement secondaire. Et pourtant se peut-il que des hommes éclairés, comme ceux qui composent ce personnel, persistent à méconnaître ou à regarder avec indifférence les progrès de l'alcoolisme et de l'absinthisme en France, à ne participer qu'indolemment, dogmatiquement ou pas du tout, à la croisade antialcoolique ? Non seulement au lycée, mais hors du lycée, les professeurs doivent mettre leur science au service de cette cause pressante, apporter leur concours à l'organisation des conférences, contribuer directement à l'instruction et l'éducation des masses populaires.

Pareille intervention ne peut être signalée, à l'heure actuelle, que dans un nombre restreint de villes.

L'instituteur appelle à l'aide le médecin ; qu'il

sache désormais pouvoir compter aussi sur le dévouement du professeur !

§ 3. — L'ANTIALCOOLISME DANS LA FAMILLE.

« Le foyer est non seulement le champ de semence de l'existence future de la nation, mais aussi la source de tout ce qui est essentiel au vrai patriotisme, à la véritable puissance d'un peuple et à l'influence constante de la vie et des institutions nationales. Tout ce qui influence, pour le bien ou le mal, les foyers et la vie de famille d'un peuple est d'une suprême importance pour toute nation (1). »

Or, outre que l'alcool dissipe les ressources matérielles de la famille, il en détruit l'ordre, la dignité et le prestige ; il annihile l'autorité des parents, il concourt à l'avilissement des enfants ; il précipite la déchéance de la société, la ruine de la plus grande famille qu'est la patrie.

Les exemples abondent de cette action néfaste à laquelle a été consacrée la première partie de ce travail.

Comment réagir dans la famille ?

en suscitant chez le père, chef de la famille, chez la mère qui devrait toujours être l'ange du foyer, le sentiment très vif de leur responsabilité et en leur faisant apprécier la valeur de l'exemple ;

en provoquant avec tact et discrétion l'action *moralisatrice de l'enfant* dans la famille.

C'est d'abord *le maître, l'éducateur*, en quelque sorte le *patriarche moral au village*, qui y *doit donner l'exemple*.

(1) Communication de M. et M⁰ᵉ Bramwell Booth au congrès international antialcoolique de Londres (juillet 1909.)

« L'instituteur consciencieux, dévoué, malgré de multiples difficultés, demeurant en rapport fréquent avec les parents, peut acquérir auprès d'eux une puissante autorité morale et, par une opiniâtre persévérance, exercer sur eux une action salutaire. » (Un instituteur de l'Ardèche).

C'est le *père* qui *peut être converti à la tempérance*, quelquefois par la persuasion à l'aide de conférences et de conversations intimes, plus souvent par l'intérêt. — Le rapport suivant d'un instituteur de Marseille est particulièrement digne d'attention à ce propos.

« Quelques mois après mon arrivée ici, j'ai pu provoquer un mouvement d'épargne parmi les familles, ce qui constitue un moyen exquis de lutte contre l'alcoolisme. J'ai organisé, avec l'aide de quelques personnalités honorables du quartier, un groupe d'épargne comptant à ce jour 110 membres avec 175 parts. Le franc versé chaque dimanche représente sûrement une économie faite en partie sur les dépenses inutiles. Nous avons pu acheter 48 obligations à lots représentant une somme de 21,000 francs. Cette société fonctionne admirablement ; nous avons soutenu les défaillants et les 175 parts sont toujours au complet ; nous obtenons chaque mois des adhésions nouvelles.

« J'ai pensé que l'instituteur pouvait s'associer à une œuvre semblable et j'ai cru que l'intérêt pécuniaire pouvait amener de réelles sympathies à notre œuvre d'éducation. Par notre exemple constant, par nos causeries, nous amenons peu à peu nos amis à abandonner les funestes boissons alcooliques ; il nous arrive quelquefois de voir nos leçons porter les fruits désirés. »

L'action moralisatrice des enfants peut s'exercer discrètement, par les lectures du soir en famille, que recommandent souvent les maîtres :

« L'enfant fréquentant l'école du jour fait la lecture de ses leçons et de ses devoirs le soir, auprès de
ses parents ; les résultats en sont excellents pour
tous : enfants, parents et maîtres. » (Un instituteur
du Cantal.)

« Les enfants, racontant chez eux les histoires en-
tendues en classe, ont fini par y intéresser leurs parents ; quelques-uns de ces derniers, qui s'adon-
naient à la boisson et ne supportaient pas qu'on les
en empêchât, en sont arrivés, grâce à leurs enfants,
à comprendre le mal qu'ils se faisaient en buvant
de l'alcool. » (Un instituteur de la Haute-Loire.)

Cette action moralisatrice s'exerce encore *spon-
tanément*, par l'intervention des enfants qu'anime
une forte conviction :

« Un père de famille, délégué cantonal, nous re-
latait un jour avec une visible satisfaction les re-
commandations pressantes que lui adressait son fils.
notre élève, de ne jamais absorber au café de boissons autres que les boissons hygiéniques et de se
méfier notamment de l'absinthe et des alcools aromatisés. Ce qui avait frappé le père, c'est le ton
d'ardente conviction de l'enfant lui adressant cette
supplique. » (Un instituteur de la Loire.)

Il serait superflu d'ajouter quelque réflexion à
de tels témoignages pris entre beaucoup d'autres.

§ 4. — L'ANTIALCOOLISME A LA CASERNE.

La caserne est considérée par certains comme
l'école de la débauche. Cette opinion est exagérée,
avec une part d'exactitude assurément pour quelques jeunes recrues inexpérimentées, extraites de
leurs villages perdus loin des agglomérations ur-
baines, jeunes gens sur lesquels ont trop facilement
prise, au premier choc, les multiples tentations des

grandes villes. Nous en avons vu précédemment les fâcheuses conséquences au point de vue de l'im portation de l'absinthe et autres drogues, là où elles étaient ignorées.

Mais il est incontestable qu'une sérieuse amélio ration (prodigieuse parfois) est survenue depuis vingt ans et plus dans la vie au régiment :

L'officier, autrefois exclusivement instructeur mi litaire de ses hommes, *prend fort au sérieux* mainte nant *son rôle d'éducateur social*. On en a chaque jour des preuves répétées au siège social de la Ligue nationale contre l'alcoolisme, preuves d'un dévoue ment incomparable dans certains cas, surgissant de tous les points du territoire.

Que de bataillons, de compagnies, de régiments entiers, sous l'impulsion d'un modeste sous-officier, d'un lieutenant, voire d'un colonel, sous l'œil bien veillant d'un général, sont aujourd'hui des centres d'action tempérante persuasive ! Conférences par les officiers, les sous-officiers ou d'autres personnalités civiles, séances récréatives avec pièces de comédie et projections organisées avec les troupiers eux-mê mes, imagerie suggestive, salle de réunions avec bibliothèque et jeux variés : tout est mis en œuvre pour préserver le soldat des plaies morales et phy siques causées par le désœuvrement, l'ennui et les mauvaises fréquentations.

Ainsi est continuée à la caserne l'œuvre antialcoo lique de l'école, instamment réclamée par un grand nombre d'instituteurs mal renseignés encore sur le mouvement libérateur à l'égard de l'alcool et de l'absinthe.

Toutefois des résistances se produisent, indénia bles et trop nombreuses, dues à l'habitude, à la rou tine, à l'inégale éducation des soldats : certaines me sures de précaution et de défense s'imposent, pro posées par les maîtres de la jeunesse :

a) « En dehors des cours faits aux illettrés à l'école du soir, l'autorité militaire devrait en organiser dans les casernes ; des centaines de jeunes gens seraient ainsi soustraits tous les soirs à la buvette ou au café ; les uns y gagneraient, avec un peu d'instruction, de ne pas contracter de déplorables habitudes ; les autres y perdraient peut-être ces mêmes habitudes. » (Un instituteur de la Haute-Garonne.)

b) Conférences ou leçons obligatoires sur l'alcoolisme à la caserne ;

c) Création de bibliothèques régimentaires riches en ouvrages antialcooliques ;

d) Affichage, dans les salles, de tableaux indiquant la toxicité de certains produits avec commentaire sobre et suffisamment clair. (Un instituteur du Rhône.)

Pour les casernes en pays de réel intérêt esthétique, économique, historique, architectural, etc. :

« Il faudrait habituer les jeunes soldats à faire, le dimanche et autres jours fériés, sans armes ni bagages, des excursions libres en montagnes aux sites agréables, des visites aux exploitations agricoles ou industrielles remarquables, aux monuments historiques, etc. Pourquoi n'y aurait-il pas auprès de chaque caserne un terrain propre à la culture des légumes et des fleurs ? Pourquoi, autour des cours servant aux manœuvres, l'œil ne serait-il pas égayé par des corbeilles de fleurs à l'entretien desquelles s'intéresseraient les hommes ? Par ces distractions saines et utiles, les soldats aimeraient le séjour à la caserne et en emporteraient l'habitude et le goût des occupations agréables. » (Un instituteur de la Savoie.)

« Pour interdire avec efficacité l'usage de l'alcool au régiment, il faudrait que la création des *mutuelles de compagnie* fût généralisée. Ces mutuelles seraient placées sous la surveillance et la direction de-

chaque capitaine, gérées par des soldats de sobriété
indéniable ; elles ne fourniraient que des boissons
fermentées, achetées directement chez le producteur, et le débit maximum par homme serait fixé au
préalable. Elles ne seraient ouvertes qu'aux heures
des repas. D'autre part, on établirait un contrôle
plus rigoureux à la porte de la caserne pour les
soldats rentrant de la ville, et des pénalités très sévères contre ceux qui chercheraient à introduire des
alcools. » (Un instituteur de l'Yonne.)

Vœu. — La mesure répressive qui me semble appelée à avoir le plus d'efficacité consiste, si elle est
adoptée et mise en vigueur, à prolonger le séjour
à la caserne pour tout homme intempérant (son
temps de service normal terminé) d'autant de semaines qu'il aura été surpris de fois en état d'ivresse
manifeste pendant la durée de son service militaire.

Même prolongation pour un temps déterminé serait infligée à tout homme illettré à la fin de son
temps de service.

Cette dernière mesure aurait, sans nul doute, pour
effet de fortifier les cours d'adultes.

§ 5. — L'ANTIALCOOLISME INDUSTRIEL.

*Aux ingénieurs, aux chefs d'ateliers, aux direc-
teurs d'usines, aux administrateurs des grandes
compagnies, incombe également une mission éducatrice à l'égard des ouvriers.*

Bien qu'ici la situation soit particulièrement délicate en raison des conflits si fréquents, hélas ! qui
surgissent entre l'employeur et l'employé (conflits
dus à une défiance regrettable de l'ouvrier envers
son patron, défiance habilement entretenue et cou-
pablement exploitée), la question de l'antialcoolisme
à l'usine, à la mine, à l'atelier, n'est pas insoluble.

Les chefs du parti ouvrier d'une part, les industriels par ailleurs, se sont depuis longtemps émus d'un mal particulièrement grave dans le monde des prolétaires (1).

a) *Du côté au prolétariat*, c'est l'appel suivant du célèbre leader socialiste belge, Van der Velde :

« L'alcool donne l'oubli de la misère, c'est possible ; l'alcool donne une excitation pour résister à l'oppression qui pèse sur le travailleur, mais cette excitation est factice. En retour, l'alcool endort les énergies, l'alcool est l'allié des oppresseurs. Nous savons qu'une population imprégnée d'alcool ne peut être imprégnée de socialisme.

« A l'idéal asservissant de l'ivresse, nous devons en opposer un autre : l'idéal plus élevé de l'émancipation du prolétariat. L'alcool ne donne que l'oubli de la misère ; or, ce que nous voulons obtenir, c'est l'abolition de la misère.

« Lutter pour l'émancipation du prolétariat nécessite la *lutte pour son relèvement moral.* »

Et une ligue socialiste antialcoolique belge prospère comprend des membres ayant pris, parmi d'autres engagements, celui de s'abstenir d'une manière absolue de toute boisson alcoolique.

b) *Du côté des chefs d'industrie et d'administration*, des mesures, les unes préventives, les autres défensives, ont été prises pour libérer les ouvriers de l'alcool. Les instituteurs indiquent d'autres mesures auxquelles il importe de recourir au plus vite afin de pallier le mal, en attendant qu'on le supprime.

(1) « Dans une fonderie de la Haute-Saône employant 80 ouvriers, il est consommé, certains jours, des doubles-décalitres d'eau-de-vie. » (Un instituteur.)

« Dans une usine du Pas-de-Calais, l'apprenti est contraint, durant le travail, d'aller chercher pour ses aînés la fiole d'alcool dont il aura pour sa peine, une rasade sans bourse délier. »

6

Comme ensemble de mesures *préventives* prises par le patronat, je veux citer celles adoptées par la maison Schneider du Creusot :

« 1° A l'ouvrier désireux d'acquérir une maison, MM. Schneider avancent les fonds nécessaires qui lui sont retenus par mensualités sur son salaire. (Ayant moins à dépenser, l'ouvrier-propriétaire s'attache à embellir son *home*, à le rendre confortable ; il cultive son jardin, entretient une basse-cour.)

« 2° MM. Schneider louent, à des prix très modiques, des jardinets qui occupent les loisirs de beaucoup de travailleurs.

« 3° Ils délivrent gratuitement des permis de pêche qui retiennent bon nombre de familles au bord de l'eau, les jours de congé ;

« 4° Ils ont créé une caisse de retraites ouvrières alimentée par leur société ; le personnel augmente, le plus souvent, sa retraite par des versements volontaires. » (Un instituteur du Creusot.)

A Verlincthum (Pas-de-Calais), un contremaître de chantier y empêche la consommation de l'alcool sous toutes ses formes ; et quelques chefs d'exploitations agricoles remettent, à la fin du mois, à chaque ouvrier qui ne consomme pas de spiritueux, une somme de 3 ou 4 francs, suivant son âge.

Comme mesure *défensive* efficace adoptée par certains patrons. je signalerai le renvoi immédiat de tout ouvrier rencontré dans les ateliers en état d'ivresse. Dans certaines usines de céramique de la Côte-d'Or, une amélioration profonde en est résultée depuis quelques années, amélioration qui se fait sentir au delà même des confins de la cité industrielle.

« A X..., près Firminy (Loire), la tempérance progresse depuis vingt ans dans la population ouvrière ; l'alcool est officiellement proscrit des aciéries J. ; les cas d'ivresse, d'ailleurs très rares, y sont sévèrement réprimés ; les jours de paye et de fête sont généralement calmes ; l'hiver, on reste en famille et la belle saison permet les promenades à la campagne. On consomme surtout du vin et de la bière ; l'usage d'un bol de bouillon le matin, accompagné d'un verre de vin, se répand de plus en plus ; café, thé, lait, ont un nombre respectable d'adeptes. » (Un instituteur de la Loire.)

Parmi les mesures proposées par les instituteurs, quelques-unes sont intéressantes, en particulier :

la suppression des cantines patronales dites encore économats patronaux (signalée page 37) ;

l'obligation pour les inspecteurs du travail de faire des enquêtes sur la consommation de l'alcool dans chaque usine (et ce, par l'intermédiaire des autorités de tous ordres), puis d'infliger de fortes amendes aux directeurs d'usines coupables de négligence à ce sujet ;

la création de *sociétés antialcooliques d'ouvriers* à la tête desquelles seraient les premiers employés de l'usine ; « chefs d'usine et ouvriers feraient partie de ces sociétés de tempérance ; les patrons prendraient l'engagement d'éloigner de leurs ateliers tout ouvrier s'adonnant à la boisson ; tous les sociétaires s'appliqueraient à guider les apprentis, les jeunes ouvriers, à les défendre au besoin contre les entraînements auxquels leur jeunesse et leur faiblesse de caractère ne résisteraient probablement pas. » (Un instituteur de la Côte-d'Or.)

« La mesure de salut, pour certains maîtres de la jeunesse, est dans la création d'*écoles d'apprentissage*, dans l'institution par l'État et les communes d'un *enseignement professionnel obligatoire* pour tous les jeunes gens de treize à dix-huit ans.

« Cet enseignement professionnel serait donné le soir, à la sortie de l'atelier ou de l'usine, de six heures à huit heures. » (Un instituteur de Marseille.)

Cette question sort de mes attributions et mérite

d'ailleurs un examen approfondi avec d'autres propositions que j'énumérerai au chapitre des *desiderata* généraux.

§ 6. — L'ANTIALCOOLISME DU A L'INITIATIVE PRIVÉE

L'action antialcoolique exercée dans le domaine industriel nous a montré l'initiative privée entrant en jeu par un côté spécial ; mais il y a, là encore, une sorte d'organisme, sinon officiel, du moins soumis à l'inspection officielle du travail, comme le sont les organismes scolaire et militaire.

Nous entrons maintenant dans un domaine où l'initiative privée peut agir en toute indépendance, où son action bienfaisante se manifestera en pleine liberté, régie seulement par l'étendue de ses ressources et le dévouement des philanthropes.

Je suivrai, dans cette esquisse rapide, l'ordre déjà observé au sujet de l'action publique :

pour les enfants: les crèches, les colonies scolaires de vacances ;

pour les jeunes gens à la caserne : les foyers du soldat ;

pour les hommes de mer : les abris du marin ;

pour les adultes : les maisons du peuple, cercles, cafés de tempérance;

pour les ouvriers : les coopératives ouvrières, kiosques Léderlin, roulottes, les jardins ouvriers, les habitations à bon marché ;

pour tous : la presse antialcoolique ;

pour la coopération de tous ces efforts enfin : les ligues antialcooliques.

I. — Crèches et colonies scolaires de vacances.

Nous avons vu l'alcool inoculé : au tout jeune enfant par le lait de sa mère ou de sa nourrice intempérante ; au bambin, à l'enfant, par ses parents (inconscients en raison de leur ignorance, ou responsables en raison de leur indignité).

Et dès lors, la tuberculose (entre autres maladies contagieuses) exerce ses ravages effroyables dans ce terrain tout préparé, pour son éclosion, par l'alcoolisme naissant.

Organisées le plus souvent par des dames patronesses ou des médecins, des philanthropes, des éducateurs de la jeunesse parfois, dont une charité immense emplit le cœur, les *crèches*, les *colonies scolaires de vacances*, ont pour but :

de soumettre le tout jeune enfant à une alimentation saine et rationnelle ;

de soustraire, pour un temps toujours trop court, des groupes d'enfants, pauvres, malingres et souffreteux, à l'atmosphère empestée des villes, des taudis étroits et malsains, des ruisseaux encombrés d'immondices ; de les transplanter dans des milieux verdoyants, à la montagne ou au bord de la mer, pour qu'ils y respirent l'air pur et vivifiant, qu'ils y rosissent leurs joues et s'y fortifient physiquement, mais aussi pour aviver leur curiosité juvénile, épanouir leur cœur et leur esprit par la contemplation d'une nature belle et féconde, ouvrir leur âme à la reconnaissance pour les bienfaits reçus.

Ces colonies scolaires, ces caravanes à la mer ou à la montagne, se font chaque année plus fréquentes et plus nombreuses ; de Paris et de quelques centres urbains (j'en ai 36 sous les yeux), cet exode intéresse quelques milliers de petits déshérités de la fortune et de la santé.

Combien de ces enfants étaient partis, le cœur fermé à l'enthousiasme et aux nobles sentiments, qui reviennent meilleurs aussi moralement, pleins de gratitude pour le brave paysan et l'accorte fermière dont ils ont reçu l'abri salutaire et la pitance abondante ! car si l'écorce est rude chez nos campagnards, le cœur est exquis.

Crèches et colonies de vacances ont encore pour avantage de familiariser l'enfant avec la pratique de la vie laborieuse, économe et tempérante.

Aussi, partout où ils sont sollicités, les maîtres de la jeunesse sont heureux de prêter leur concours à de telles œuvres : c'est à ce titre que je me permets de leur signaler la création récente d'une *Association pour le développement des colonies de vacances*, dirigée par une femme d'un grand caractère (1).

II. — **Foyers du soldat. — Abris du marin.**

L'institution du *Foyer du soldat* prouve la sollicitude dont certains officiers, aidés par des concours précieux, cherchent à entourer ces grands enfants que sont nos troupiers (certaine tourbe mise à part) ; éloignés de leurs familles, arrachés à leurs affections et leurs coutumes, tout frais débarqués dans la grande ou la petite ville, comme nous l'avons vu déjà, ils s'abandonnaient à l'oisiveté et l'ennui, mauvais conseilleurs.

Or le Foyer est là : salle éclairée et chauffée en hiver, confortable, avec bibliothèque, revues, etc., etc., ressources instructives et récréatives, jeux variés, indépendance qui ne saurait s'accorder évidemment qu'avec la pratique des règles de la bienséance.

La belle organisation dite *Œuvre des jeux du soldat* (2) s'efforce, sous les auspices du ministère de la Guerre, de satisfaire avec la plus grande vigilance et dans une large mesure aux demandes qui lui sont adressées.

(1) Le siège social de cette œuvre est 225, boulevard Saint-Germain (Paris).

(2) Le siège social de l'*Œuvre des jeux du soldat* est 10, rue Matignon (Paris).

Le Foyer n'est-il pas, pour le soldat, le milieu bienséant qui rappelle la famille ? et combien efficace dans la lutte contre l'alcoolisme ! Malheureusement il en existe trop peu encore en France.

Quant aux *Abris du marin*, institués au nombre de 8 sur la côte bretonne, je m'en voudrais, pour les célébrer, de passer sous silence le beau passage que leur a consacré Maurice Barrès dans son discours à l'Académie française (1907) au sujet de l'attribution des prix Montyon. (M. de Thézac, fondateur des abris, était l'un des lauréats.)

« Voulez-vous que nous entrions, par exemple, dans l'abri de Concarneau ?

« Sur la porte, voici une affiche : « L'établissement est exclusivement réservé aux marins. » C'est l'hiver, les mois d'inaction. Dans une vaste salle dont les cinq fenêtres ouvrent sur la mer, sept à huit cents pêcheurs de tous âges jouent aux dames, aux cartes, aux dominos. Au-dessus de leurs têtes se balancent des petits bateaux modèles ; aux murs s'alignent des quantités de cadres, photographies agrandies de sauveteurs héroïques, scènes de la vie maritime, beaucoup de cartes marines, toute une collection d'images et de chansons dirigées contre l'alcool. Les poutres du plafond elles-mêmes veulent parler à leurs hôtes. L'une d'elles nous dit : « On est ici pour s'aimer. »

« Parole touchante et bien utile dans ce rude peuple celtique, toujours prêt à former des clans ennemis. Pour l'entendre, il faut avoir vu ces petites villes de la côte où chaque cabaret, d'ailleurs plein de querelles intérieures, est sur le pied de guerre en face du cabaret voisin. Qui donc irrite ainsi le cœur généreux de ces grands enfants ? Rien que l'alcool. On n'en boit pas une goutte dans l'abri du marin.

« Au dehors, le vent fait rage, la brume pénètre

et glace les plus endurcis ; d'instinct héréditaire, il semble qu'ils ne pourraient se passer de mêler à leur sang les eaux-de-vie, rhum, wisky, vulnéraire, genièvre, punch, schnaps, sans parler des apéritifs, amers, bitters et absinthe ? Quelle erreur ! Aujour-d'hui, la mode est à la bienfaisante tisane d'*euca-lyptus*. Voyez, au milieu de l'abri, cette marmite aux larges flancs, elle contient 150 bolées de la fameuse infusion servie chaude et sucrée. Au cours d'une seule année, les pêcheurs dans les abris en ont absorbé 88,228 tasses. On ne s'arrête que faute de sucre... Ces abris du marin ne sont rien moins qu'une vaste entreprise de sauvetage. »

J'en appelle à tous les instituteurs de France, pour les prier de songer à ces asiles : foyers du soldat, abris du marin, asiles de paix, de réconfort moral, de régénération ; qu'ils en fassent connaître l'exis-tence, qu'ils en favorisent, par leur appel aux do-nateurs, la multiplication par tout le pays, par toute la côte ; ils auront contribué, une fois de plus, à des œuvres admirables.

III. — **Maisons du peuple**. — Cercles et cafés de tempérance.

« L'instinct de sociabilité entraîne les hommes à la fréquentation des cafés ; dans une démocratie, les citoyens ont avantage et même intérêt à se voir, à discuter : à ce point de vue, le café a son utilité ; il présente même une supériorité sur les réunions par-ticulières et privées (associations, cercles), parce qu'au café toutes les opinions, tous les partis, tou-tes les positions sociales peuvent se coudoyer ; pas de cloisons étanches, pas de hiérarchie, c'est un peu le *forum* antique. Si nos paysans et nos ouvriers se contentaient, en discutant ou en jouant, d'y consom-

mer modérément quelque boisson inoffensive, il n'y
aurait pas d'inconvénient ; malheureusement, un peu
partout, l'absinthe et les liqueurs fortes coulent à
flots dans la plupart des débits : les cerveaux s'é-
chauffent, les discussions s'enveniment, prennent
vilaine tournure et de fâcheuses conséquences dont
l'une des plus graves est l'atrophie cérébrale. Il y
donc lieu de créer en France, comme en Suisse, des
établissements de tempérance, où les citoyens pourront s'entretenir librement, fraternellement, sans
être tentés au contraire de s'empoisonner. » (Un instituteur du Jura.)

Cet excellent vœu mérite cependant d'être complété, et bien d'autres maîtres l'ont fait sans exprimer leur pensée d'une manière aussi élevée cependant.

Quelle que soit la dénomination attribuée au lieu
de réunion souhaité (maison du peuple, cercle populaire, cercle de tempérance, etc.), l'idée dominante
est celle-ci : un établissement communal comprenant une salle de lecture, dotée d'une bibliothèque
suffisante, pouvant servir de salle de conférences
avec ou sans projections ; une salle de consommation où ne se vendent que des boissons inoffensi-
ves (lait, café, thé, limonades, sirops, vin, bière ou
cidre) et des jeux possibles d'intérieur et de plein
air.

Ces *cercles de tempérance*, reconnus d'utilité publique, seraient administrés par une collectivité lé-
galement reconnue et gérés par une ou des personnes tempérantes subventionnées par la commune, le
département ou l'État. (Instituteurs de plus de vingt
départements.)

On ne peut que regretter l'absence presque totale
en France de ces établissements dus à l'initiative
privée et qui, ne recevant guère d'encouragement
officiel (ce qui est plus regrettable encore), se con-

tentent de végéter, alors qu'en Suisse, à Zurich en
particulier, ils rendent les plus précieux services.

« A Bourges, les ouvriers ont fondé des « Tempé-
rances », dont le gérant ne vend aux sociétaires que
du vin, de la limonade et de la bière ; la tenue en est
irréprochable ; tout homme ivre ou bruyant est exclu
en vertu de règlements sévères. » (Un instituteur.)

IV. — Coopératives. — Cantines. — Kiosques. Roulottes.

Je me contente de citer ces institutions économiques visant en même temps l'hygiène et la tempérance, pour montrer que les instituteurs s'intéressent à de telles créations partout où elles fonctionnent, trop rarement, hélas !

V. — Jardins ouvriers. — Habitations à bon marché.

Sous leur modeste titre, *le jardin ouvrier et l'habitation à bon marché ont une portée considérable
au point de vue social.* Nombreux sont les maîtres
qui insistent sur ce point, principalement ceux des
régions industrielles et des centres ouvriers les plus
importants.

C'est un instituteur de Saône-et-Loire qui écrit :

« Nous devons attendre les meilleurs résultats des
jardins ouvriers ; ils donnent santé physique, réconfort moral ; c'est un moyen de lutte contre l'oisiveté,
contre l'ivresse ; ils retiennent l'ouvrier au sein de
sa famille ; ils élèvent son niveau moral. Au Creusot, chaque ouvrier père de famille a son jardinet ;
aussi est-il devenu économe et, par amortissement,
il a acquis sa maison ; tempérant et propriétaire, il
est hostile à la grève. »

C'est cet autre maître de Marseille qui déclare :

« Beaucoup d'ouvriers de la poudrerie nationale ont pris, en location, chacun un coin de terre qu'ils vont cultiver, à leur sortie de quatre heures ou cinq heures et le dimanche matin. Quel délicieux apéritif et qu'ils sont heureux de retourner à la maison avec des provisions fraîches du jardin ! Il n'est pas rare de voir des familles entières passer ainsi leur dimanche à la campagne et dans leur jardinet. Le jardin délasse l'ouvrier et le conserve à sa famille. Je suis toujours heureux d'entendre ces braves gens parler de « mes salades, mes épinards, mes fleurs ! » Oh ! le jardin, quelle sauvegarde pour l'ouvrier ! Aussi ne devons-nous pas négliger l'agriculture à l'école primaire. »

Je regrette de ne pouvoir multiplier ces délicieux coups de pinceau dans le tableau de la vie familiale ouvrière, traits qui prouvent combien nos maîtres de la jeunesse savent apprécier la portée de toutes les œuvres originales de bienfaisance, de philanthropie.

VI. — Presse antialcoolique.

Consultons un journal quelconque : nous en verrons les dernières pages occupées par une publicité à outrance dont les réclames pullulent en faveur de tel apéritif, de telle liqueur hygiénique et bienfaisante. Dans le corps du journal, aujourd'hui plus que jamais, s'étale la liste toujours longue des méfaits, des crimes commis par cet adulte *alcoolique*, par cette mégère *en état d'ivresse*, par cet apache de quinze à dix-huit ans ayant fait preuve d'une incroyable sauvagerie en accomplissant son crime et d'un cynisme révoltant devant le juge d'instruction, apache taré de naissance, *fils d'alcoolique* ou *alcoolique lui-même*.

Cette criminalité, trop souvent juvénile, qui la fait connaître ? le journal.

Qui dénonce les tares et le plus souvent la tare alcoolique ? le journal.

Qui ne fait rien pour enrayer pareille décadence sociale ? le journal.

Qui l'encourage, au contraire, par une publicité de mauvais aloi, par annonces alléchantes et mensongères ? le journal.

Et pourquoi ? Parce que l'annonce rapporte au budget du journal ; parce que les récits des crimes, les photographies des malfaiteurs remplissent les feuillets et assurent un lucratif écoulement au journal ; parce que, par contre, toute campagne menée ou simplement tentée contre les apéritifs, contre l'absinthe ignoble par ses effets physiologiques, contre les trop nombreux débits, émeut les puissants du jour, les cabaretiers empoisonneurs publics, et nuirait à la vente du journal.

Et ce triste exemple de la comédie humaine, qui le donne par-dessus tout, à l'heure actuelle ? l'État.

Aussi, quelles justes récriminations de la part des instituteurs ? Récriminations qui peuvent se résumer ainsi :

M. le ministre de l'Instruction publique nous convie à une œuvre de libération nationale, sociale, humanitaire : *l'antialcoolisme.* Nous y souscrivons de notre mieux (certains avec enthousiasme), car notre devoir est de travailler à la grandeur matérielle et morale du pays. Et, alors que nous infusons dans le cerveau des enfants et des adolescents qui nous sont confiés des principes de droiture, de probité, de dignité, d'honneur, d'amour du prochain, pendant ce temps-là M. le ministre des Finances s'évertue à boucler son budget par des combinaisons multiples, faisant appel à toutes les sources pures ou impures, limpides ou empoisonnées, peu lui importe !

L'alcool ! Quelle inépuisable mine de profits pour l'État ! Buvez-en, messieurs les contribuables, buvez-en à satiété; gorgez-en vos femmes, vos enfants, dussiez-vous en souffrir, dussiez-vous en mourir, pourvu que les caisses de l'État se remplissent.. à la manière du tonneau des Danaïdes !

« Ainsi, monsieur le ministre de l'Instruction publique, l'État se joue de nos efforts, puisque ce même État se hâte de détruire notre œuvre. »

De quoi se compose donc la presse antialcoolique, à l'heure présente, dans notre beau pays de France ? De l'*Etoile bleue*, organe de la Ligue nationale contre l'alcoolisme, des *Annales antialcooliques*, des feuilles de la *Croix bleue*, de la *Croix blanche*, de la vaillante petite feuille vosgienne « *Pour l'avenir du peuple* », de l'excellente feuille mensuelle l'*Education sociale*, bulletin des institutions sociales de l'Aube ; de l'*Ouvrier rémois*, de l'*Etoile bleue castraise*..., et je crois bien que c'est à peu près tout.

Est-ce suffisant pour conjurer un mal qui a envahi le pays et en détruit un peu partout les forces vives ? Mille fois non. Aussi les éducateurs de la jeunesse appellent-ils à l'aide, et d'une manière pressante, les organes périodiques.

« La presse qui est l'éducatrice quotidienne du public devrait l'éclairer par une campagne méthodique et persévérante contre l'alcoolisme ; et alors l'instituteur pourrait créer plus facilement des sociétés de tempérance capables de produire d'heureux effets. » (Un instituteur de la Haute-Saône.)

« Il faudrait que le journal qui pénètre partout, le monde savant, les médecins, vulgarisent de plus en plus les méfaits de l'alcool ; la voix du maître, écho de la voix du monde compétent, serait mieux entendue. » (Instituteurs de la Haute-Marne, de la Nièvre, du Jura, de la Loire, de la Haute-Savoie, du Gard, etc.).

« *L'Étoile bleue* et quelques ouvrages anecdotiques contre l'alcoolisme ne suffisent pas ; la presse s'est occupée du sujet ; elle ferait bien d'y revenir assez souvent et de profiter de la publicité dont elle dispose pour ajouter au peu que nous pouvons faire. Le journal sérieux a une grande influence sur les esprits ; qu'il en profite pour combattre le fléau, surtout dans son éditorial du dimanche. N'est-il pas intéressé d'ailleurs à conserver à ses lecteurs toute leur lucidité d'esprit ? » (Un maître de l'Aveyron.)

Et cette autre citation pour finir, car l'énumération en serait longue :

« Au lieu de se contenter de relater chaque jour un crime d'alcoolique et d'exciter ainsi une curiosité plus ou moins saine, les journaux, délaissant un peu le point de vue criminel, pourraient se placer au point de vue hygiénique ; faisant appel à la science de médecins, par exemple, ils pourraient citer chaque jour (ou mieux chaque semaine) un cas de maladie causée par l'alcoolisme. On pourrait ainsi, même sans forcer la note, trouver matière à faire réfléchir bien des alcooliques, et la crainte pourrait devenir chez beaucoup d'entre eux le commencement de la prudence. » (Un instituteur des Deux-Sèvres.)

Ceux d'entre les maîtres qui reçoivent la revue mensuelle de la Ligue nationale, l'*Étoile bleue*, et qui la confient à leurs élèves en vue d'en assurer la lecture en famille, se plaisent à reconnaître qu'elle exerce une très heureuse influence.

Une institutrice du Rhône demande que cette revue soit servie gratuitement à toutes les écoles de France ; une autre (de l'Ariège) souhaite que l'*Étoile bleue* et *la Préservation antituberculeuse* (journal de la Société de préservation contre la tuberculose) soient envoyées d'office et gratuitement à tous les groupements ouvriers.

On ne peut qu'applaudir à de telles propositions,

mais la Ligue nationale contre l'alcoolisme ne peut y souscrire avec ses seules ressources actuelles ; elle envoie gratuitement, à l'heure présente, son journal aux maîtres qui en font la demande *en vue d'une propagande sérieuse* ; elle le délivre à un prix très réduit, quand le journal est pris par abonnement collectif ; c'est tout ce qu'elle peut faire pour l'instant.

Que le Parlement accorde à la Ligue nationale une subvention précise avec cette destination spéciale, ou que les conseils généraux, sur l'invitation des préfets, inscrivent à leur budget une allocation annuelle couvrant la dépense nécessitée par l'envoi de l'*Etoile bleue* à tous les instituteurs de leurs départements respectifs. Les bienfaits d'une telle mesure ne tarderaient pas à se manifester.

Pour en finir avec cette question si importante de la participation de la presse à la sauvegarde du pays en matière d'alcoolisme, j'estime qu'on pourrait solliciter les journaux : d'ouvrir une colonne spéciale, au moins deux fois par semaine, sous le titre « *Chronique de l'alcool* », d'y rassembler tous les méfaits saillants causés par l'alcool et l'absinthe, de les commenter et d'en tirer les conclusions propres à frapper le lecteur, à l'éclairer, à le corriger au besoin. Cette manière de procéder serait beaucoup plus utile aux maîtres de l'enseignement d'abord, puis au public, que l'ensemble des récits dispersés, sans lien, qui n'appellent pas spécialement la réflexion de la part du lecteur.

VII. — Les sociétés antialcooliques.

Qu'est-ce qu'une *Société antialcoolique ?* Un groupement de personnes ayant pris un engagement, soit d'abstinence *totale* à l'égard des boissons alcooliques, soit *d'abstinence* concernant les *boissons distillées* et de *tempérance* seulement pour les *boissons fermentées*.

La distinction, pour futile qu'elle paraisse à un esprit non prévenu, mérite cependant qu'on s'y arrête en raison de l'étrange levée de boucliers que dirigent les abstinents totaux contre les antialcoolistes tempérants. Les premiers prétendent, en effet, que « tolérer l'usage modéré des boissons fermentées, c'est fausser la direction du mouvement, c'est entretenir l'habitude de l'alcool au lieu de la combattre ».

Devant l'ennemi saccageant le territoire, il s'agit de savoir quelle tactique a le plus de chance de le réduire à merci, et dans le plus bref délai.

Le corps enseignant français a répondu et nettement répondu. Comme, de par ma situation officielle à la *Ligue nationale contre l'alcoolisme*, je pourrais être soupçonné de faire prévaloir ici mon sentiment personnel, alors que je veux traduire impartialement les opinions, je cite un extrait du rapport de l'inspecteur d'Académie d'une de nos plus importantes circonscriptions, pour faire la lumière sur le point en litige :

« L'activité des ligues ne me paraît devoir être ni très efficace ni durable (?). Ces ligues déplaisent par les engagements souvent exagérés qu'elles exigent de leurs membres, par leur aspect exotique, par leur méconnaissance enfin des intérêts d'un pays essentiellement producteur de vin. Le docteur L... a commis là faute impardonnable de prêcher l'abstinence complète des boissons alcooliques. Sa propagande devait, en conséquence, être combattue non seulement par les débitants, mais par les producteurs et les consommateurs de vin, c'est-à-dire par tout le monde. Certes, ceux qui ont essayé de fonder des ligues ne sont pas tombés dans cet excès ; ils prêchent la tempérance, non l'abstinence ; ils proscrivent, non pas le vin, mais seulement les liqueurs fortement alcoolisées. Mais alors, pourquoi une ligue, s'il s'agit simplement de régler convenablement sa vie ? Et c'est ici que l'individualisme reprend tous ses avantages. Bref, on veut bien être tempérant, on ne veut pas s'obliger à l'être et on ne veut pas proclamer qu'on le sera à tout jamais. »

Ce rapport précise donc ce point, confirmé par l'unanimité des autres inspecteurs (qui se sont prononcés) et par la presque unanimité des instituteurs, à savoir qu'*il n'est possible d'aboutir à de sérieux résultats antialcooliques dans les masses populaires en France qu'en leur conseillant la tempérance* au sens indiqué plus haut et nullement l'abstinence totale.

Le rapport aborde une autre question, celle de l'utilité des sociétés antialcooliques. Les avis sont ici partagés parmi les maîtres : les uns sont des adversaires déclarés de telles sociétés, les autres en sont de chauds partisans.

« Ces associations, fondées sur des promesses, des engagements difficiles à tenir pour les élèves, difficiles à contrôler pour les maîtres, peuvent être de nature à encourager chez les enfants l'hypocrisie, ou tout au moins le manque de respect à la parole donnée. » (Un instituteur primaire d'Ille-et-Vilaine.)

A Paris, de nombreux maîtres sont hostiles à la création de sections scolaires de tempérance dans leurs écoles, bien qu'ils soient partisans d'une lutte à outrance contre le fléau.

Par contre, les attestations des services rendus par les sociétés de tempérance (pour la très grande majorité, sections cadettes et sections d'adultes de la Ligue nationale) sont très nombreuses et je n'en dégage que quelques-unes :

« Les associations de personnes qui se soutiennent et s'encouragent mutuellement de leur résistance aux tentations si fréquentes (de l'alcool surtout) sont bien d'un concours efficace dans la lutte entreprise contre l'alcoolisme ; mais elles ne sont pas suffisantes pour entraver et décourager le vice d'habitude constituant l'ivrognerie. » (Un instituteur de Saône-et-Loire.)

M. X..., instituteur de l'Ariège, après avoir obtenu des parents qu'ils ne fissent pas boire beaucoup les enfants aux réunions ou fêtes de famille, a eu l'idée de former une section où il a fait entrer comme membres protecteurs tous les pères de famille ; ceux-ci sont tous venus signer l'engagement de ne pas faire boire d'alcool à leurs enfants et de les surveiller.

« Qu'il se forme, dans chaque ville, dans chaque bourgade, une société comprenant des personnes d'élite, collaborant avec l'instituteur, pour attirer vers des plaisirs plus sains et plus nobles tant de jeunesse qui périt de l'abus des alcools ! » (Une institutrice des Basses-Alpes.)

« *Tous les membres du corps enseignant devraient faire partie d'une vaste association antialcoolique, à laquelle appartiendraient, également, en payant d'exemple, tous les citoyens qui se targuent d'aimer l'école.* » (Un instituteur de l'Isère.)

C'est dans ce sens qu'a fort heureusement procédé l'inspecteur primaire de B... (Dordogne) en fondant une société antialcoolique de tous les maîtres et maîtresses de sa circonscription.

S'agit-il plus spécialement des sections d'enfants, des sections cadettes et de leurs rapports avec les sections d'adultes ?

« L'organisation d'une section cadette a surtout pour but de fortifier les élèves dans leurs bonnes résolutions, de les éclairer davantage sur la question, de les préparer non seulement à résister personnellement à l'entraînement, mais à lutter contre les mauvaises tendances de leurs futurs compagnons. » (Un instituteur de Paris.)

« Je souhaite la formation, dans chaque commune,

d'une société de tempérance largement subventionnée par l'Etat, laquelle créera des filiales (sociétés de tir, de gymnastique, d'excursions, de sports et jeux), dans le but : d'occuper les sociétaires d'une manière agréable, intelligente et moralisatrice ; de faire voir au public, d'une manière tangible, qu'il est préférable à tous les points de vue de faire partie d'une société de tempérance que de s'empoisonner au cabaret. » (Un instituteur de l'Yonne.)

Dans mon rapport de 1908 (1), j'ai suffisamment montré, je crois, la nécessité d'instituer des sociétés de tempérance dans les écoles (sections cadettes pour les enfants d'âge scolaire, sections d'adultes pour les adolescents et les personnes plus âgées) ; je crois qu'il m'est inutile de revenir ici tout autant sur la fondation de ces sections que sur leur organisation et la question des cotisations (pages 22 à 28).

Il m'a paru que la plupart des adversaires des sociétés antialcooliques de tempérance le sont en vertu d'une idée *a priori*, qu'ils n'en ont pas tenté la création dans leurs groupements scolaires, leurs amicales ou autres sociétés, ou bien qu'ils ont reculé devant l'indifférence, les premières résistances ou les premières hostilités, peut-être aussi par crainte de compromettre leur situation personnelle. En pareille matière, il faut posséder deux qualités maîtresses : la patience alliée à une grande faculté persuasive, le tact. Je ne saurais mieux faire que de conseiller aux hésitants, aux timides et aux adversaires déclarés, la lecture de la déposition ci-jointe d'un directeur d'école de Paris (2) et celle de l'admirable rapport de

(1) Rapport à M. le ministre de l'Instruction publique sur les résultats de l'enseignement antialcoolique dans les écoles publiques de France (2e congrès national contre l'alcoolisme tenu à Lyon, du 28 au 31 mai 1908).

(2) Une section cadette de tempérance a été fondée à l'école du faubourg X..., il y a douze ans. Elle compte

M. Ariès, professeur à l'école primaire supérieure de
Toulouse, sur la campagne antialcoolique de 1907
dans la Haute-Garonne (2) ; ils y constateront l'existence, dans ce seul département, de 658 sections
cadettes comprenant un ensemble de 14,330 membres.
Aussi, le secrétaire général du comité central de

actuellement 256 membres, dont 139 font partie de la mutualité scolaire : l'usage de l'alcool distillé est seul proscrit ; le
vin, le cidre ou la bière, pris modérément ou coupés d'eau,
sont autorisés.

L'inscription des sociétaires, âgés d'au moins dix ans,
a lieu après assentiment des familles. Fait digne de
remarque, tous les enfants des débitants sont adhérents,
aucune cotisation n'est exigée ; beaucoup de sociétaires
sont abonnés à la *Jeunesse*, annexe de l'*Étoile bleue*, qui
circule de main en main et pénètre dans les familles.
Chaque sociétaire prend l'engagement écrit d'être tempérant durant une période dont il fixe lui-même la durée.
Les parents entrent, par l'exemple, dans le mouvement
parti de l'école : tel élève a réussi à détourner un membre
de sa famille de l'usage des apéritifs ; tel autre s'exerce,
non sans succès, à prêcher la tempérance aux paysans du
village où il passe ses vacances ; tel autre, fils d'un débitant, refuse de boire de l'alcool le jour de sa première
communion, et son exemple fait enlever de la table les
flacons de spiritueux divers qui s'y trouvaient.

La section cadette réunit annuellement les sociétaires
anciens et nouveaux, au cours d'une excursion faite à la
campagne, dès les premiers beaux jours.

Dès qu'il y a groupement, il y a échange de services :
c'est ainsi que de nombreux emplois ont été procurés à
des sociétaires par leurs camarades et que, chaque hiver,
des vêtements devenus trop petits sont apportés à l'école
et distribués aux élèves les plus nécessiteux. Tout cela se
fait simplement, avec la plus grande discrétion, comme il
convient à un devoir de solidarité librement accepté et
joyeusement rempli.

Par le fait de la solidarité qui lie tous les hommes, les
gens sobres subissent les funestes conséquences de l'alcoolisme des autres. Combattre ce fléau est une impérieuse
nécessité sociale qui s'impose à tout bon citoyen. (Le
directeur de l'école du faubourg X..., à Paris.)

(2) *Bulletin de l'instruction primaire* du département de
la Haute-Garonne, n° 324 (octobre et novembre 1908).

l'Académie de Toulouse a pu justement écrire, en présence d'un tel mouvement :

« Ces chiffres placent les instituteurs de la Haute-Garonne en tête de tous leurs collègues de France dans la lutte antialcoolique ; le jour où les autres départements auront rattrapé le nôtre, plus de 50,000 sections cadettes couvriront de leur réseau protecteur tout notre beau pays et le fléau alcoolique ne sera guère à redouter. »

Il ne s'agit pas ici de chiffres sur le papier, mais d'un résultats précis, réel, dû à dix années d'efforts incessants, de luttes constantes. Et pourquoi, malgré les multiples embûches, cet effort n'a-t-il pas fléchi ? Parce que les lutteurs se sentent les coudes, qu'ils ont eu confiance dans le directeur du mouvement, M. le recteur Perroud et dans ses collaborateurs immédiats, hommes de foi et de bon conseil, au premier rang desquels il convient de placer M. le professeur Doumergue, de Montauban.

Si, dans la circonstance, je suis sorti de ma réserve ordinaire consistant à ne nommer personne parmi les vaillants de la phalange antialcooliste, afin de ne pas susciter de légitimes et involontaires froissements, c'est que depuis dix ans la lutte a été acharnée là-bas, dans l'Académie de Toulouse, et que nous ne saurions trop exprimer notre reconnaissance aux champions les plus valeureux de ce combat sans merci.

La nécessité de la création de sections cadettes dans les écoles primaires une fois admise, ainsi que *l'urgence de la transformation en sections tempérantes d'adultes de toutes les amicales d'anciens élèves des mêmes écoles*, certains maîtres se sont occupés de rechercher quels devraient être les rapports mutuels de ces sociétés ; j'ai été particulièrement heureux de les voir en complet accord avec moi,

7.

sur les propositions que je faisais à la Ligue nationale en 1908, à savoir l'institution de :

Sections cadettes et d'adultes communales ;

Comités cantonaux ;

Unions départementales ;

Comité central à Paris (pages 28 et 29 de mon rapport précité).

« Les comités communaux désigneraient les personnes adultes à récompenser pour leur tempérance [j'ajoute : et les enfants dont le zèle tempérant serait à retenir par les résultats heureux qu'il aurait déterminés] ; un comité cantonal attribuerait des récompenses décernées lors d'une fête annuelle de la tempérance. » (Un instituteur de la Savoie.)

Pas n'est besoin d'affirmer ici que la Ligue nationale contre l'alcoolisme se fera un devoir d'encourager dans la mesure de ses moyens toutes les initiatives propres à favoriser des efforts coordonnés (seuls capables d'aboutir à des résultats sérieux) de la part des éducateurs de la jeunesse et de tous les philanthropes attachés à la cause sacrée de notre régénération sociale.

III

RÉSULTATS

La campagne antialcoolique menée à l'école et autour de l'école a-t-elle produit quelque résultat positif ?

Avant de nous prononcer, écoutons le docteur Bertillon, qui a confié à la *Ligue nationale contre l'alcoolisme* une carte inédite et des documents intéressants sur les progrès de cette plaie sociale, depuis 1873, dans chacun des départements français.

La carte indique, pour chaque département, le nombre de litres d'alcool absolu contenu dans les spiritueux imposés par tête d'habitant en 1873, 1885, 1895 et 1905 ; les documents qui l'accompagnent sont insérés, avec la carte, dans le numéro de l'*Etoile bleue* de février 1910.

Il résulte des données recueillies par l'éminent statisticien que, de 1873 à 1900, l'accroissement de la consommation de l'eau-de-vie a été presque générale en France. Une diminution serait survenue depuis 1901, sauf dans les départements du Nord et du Pas-de-Calais, dans la basse Normandie (pays de bouilleurs de cru où l'alcoolisme est effroyablement répandu), dans les départements du Gard et de Vaucluse où la consommation, faible naguère, n'a jamais cessé de progresser.

« Mais, fait remarquer M. Bertillon, la diminution de la consommation taxée depuis 1901 paraît résulter de la fraude rendue très facile par le privilège dont jouissent les bouilleurs de cru, rendue très alléchante depuis l'élévation de l'impôt sur l'alcool de 156 fr. 25 à 220 francs par hectolitre d'alcool pur. » Et il ajoute : « La consommation de l'eau-de-vie est incomparablement plus élevée dans les pays de cidre et de bière que dans les régions où la boisson populaire est le vin. » Je complète en disant : « La consommation de l'alcool est plus grande dans les régions industrielles que dans les pays vignobles (où l'alcoolisme familial surtout se manifeste grâce à l'odieux privilège), plus grande également dans ces derniers que dans les régions purement agricoles dont les populations sont laborieuses et économes. »

De la consultation des rapports d'ensemble, transmis au ministère de l'Instruction publique par MM. les recteurs et inspecteurs d'Académie, se dégage une note pessimiste l'emportant de bien peu sur la note plutôt optimiste. Les hautes autorités universitaires sont d'accord pour proclamer que si les résultats obtenus par l'école sont moins satisfaisants qu'ils ne le devraient être, vu les grands efforts qui sont déployés pour combattre l'alcoolisme, cela tient au manque d'énergie des pouvoirs publics qui devraient faire respecter les lois (notamment celle du 23 janvier 1873) contre l'ivresse, supprimer radicalement le privilège des bouilleurs de cru, limiter le nombre des débits.

Voyons maintenant les impressions personnelles des maîtres *en rapport direct et continu avec les populations*. Là encore nous trouvons des pessimistes et des optimistes ; je n'en veux retenir que deux rapports, parmi tant d'autres, vraiment touchants par l'accent de sincérité et la foi d'apôtre qui s'en dégage.

Et d'abord la note pessimiste d'un instituteur du Gard :

« Je l'avoue sans embarras, l'action de l'instituteur est bien faible dans la lutte antialcoolique. Cette action ne s'exerce que sur des enfants de six à treize ans, qui n'ont pas encore contracté l'habitude de

boire des liqueurs alcooliques et qui auront depuis
longtemps oublié les leçons de l'école quand leurs
camarades d'atelier ou de régiment les entraîneront
aux lieux où se contracte le vice, la maladie de l'alcoolisme.

« Et quelle faible cuirasse est le souvenir de nos
leçons contre les arguments des corrupteurs que nos
élèves trouvent sur leur voie, de l'âge de seize à
vingt-cinq ans ! En présence de cette quasi-impuis-
sance, devons-nous abandonner la lutte et assister
indifférents aux ravages que l'alcoolisme fait dans
notre beau pays de France ?

« Reconnaître le peu de résultats obtenus jusqu'ici
n'est pas un acte de découragement ; c'est un acte de
franchise que n'infirment nullement les heureux résultats obtenus, de-ci de-là, par quelques instituteurs
bien placés pour réussir. C'est parce que j'ai conscience de l'insuffisance des résultats donnés par notre
enseignement que je ne néglige rien pour obtenir
davantage et mieux.

« *Mais je voudrais qu'on se rendît compte que,
se reposer sur nous seuls du soin de guérir ou même
de préserver les générations présentes et futures du
péril national que constituent l'alcoolisme et l'absinthisme, c'est s'exposer à de redoutables mécomptes.* »

Et maintenant la note plus confiante émanant d'une
institutrice de la Manche dont la déposition suffit à
révéler les sentiments élevés, la pure conscience du
devoir à accomplir dans toute sa plénitude :

« Je ne connais pas les résultats obtenus dans
toutes les familles. Chez quelques-unes, l'alcoolisme
est si profondément enraciné que les paroles et
l'exemple des petits n'ont eu, je le crains, pour seul
effet que cet attendrissement si facile des buveurs
sans aucune résolution énergique comme suite.
Cependant certaines personnes s'étonnent, question-
nent, s'intéressent, murmurent ou ricanent parfois ;

seulement la fillette, là, devient la maîtresse, l'éducatrice, et plus persuasive mille fois que la vraie.

« Ce que je sais, ce que je sens plutôt, c'est la métamorphose opérée dans la mentalité des fillettes : elles haïssent, d'une haine enthousiaste et juvénile, cet alcool destructeur des familles, ruine des sociétés et surtout supplice des mères, martyrisées en leur chair, en leur vie, en leur âme, dans ces petits êtres débiles et chétifs qu'elles mettent au monde pour les voir la proie facile, la victime de ce terrible fléau.

« Elles ne savent encore point, ces enfants, comment elles le combattront, l'avenir étant pour elles si éloigné et si vague : mais elles n'ont que mépris, dégoût pour l'ivresse ; ce qui leur paraissait seulement étonnant et ridicule, leur apparaît maintenant affreux et criminel.

« Pour ce qui est d'elles-mêmes, leur enthousiasme ne reste pas dans le domaine des idées et des sentiments ; c'est avec ardeur qu'elles suivent les prescriptions de la ligue, malgré les sollicitations réitérées de leur entourage ; je sais aussi qu'elles se font institutrices à la maison et que bravement elles essayent de démolir autour d'elles une foule de préjugés.

« Au cours d'adultes, ce ne sont plus des âmes d'enfants, et il me semble que je les possède moins entièrement ; pourtant elles ont eu foi, et je crois pouvoir espérer qu'aucune d'elles n'épousera un alcoolique, fût-il très riche. J'estime assez ce résultat, ayant remarqué qu'on a besoin parfois de lutter, chez elles, contre le sens pratique exagéré.

« *Je désire que l'Etat nous aide dans cette œuvre si nécessaire et qui peut devenir si féconde.* Je voudrais aussi que les programmes fussent déchargés, afin que nous puissions consacrer plus de temps à l'enseignement antialcoolique et ménager, à l'hygiène, au développement du goût, à la culture des fleurs même, toutes choses par lesquelles nous cherchons à faire des femmes capables, des mères intelligentes, mieux encore à former des âmes plus délicates. »

Après avoir scrupuleusement analysé les dépositions de tout le personnel universitaire, consulté en vertu de la circulaire ministérielle du 1er mars 1909, je crois avoir quelque droit à émettre maintenant mon opinion.

Certes, les résultats de la campagne antialcoolique sont essentiellement variables avec les conditions locales, avec le dévouement plus ou moins éclairé des maîtres ; mais l'impression générale qu'il m'a été donné de dégager de tout ce travail, c'est que *les jeunes gens de quinze à trente ans sont*, en grande majorité, *plus sobres que leurs aînés ;* la lutte antialcoolique demeure à peu près inefficace pour les individus de trente-cinq ans et au-dessus qui ont contracté l'habitude de boire dès leur jeune âge.

Ceux qui, étant passés par l'école pendant ces douze dernières années, y ont reçu des notions plus ou moins étendues sur l'alcoolisme, en ont gardé un souvenir plus ou moins vivace, c'est possible, mais qui n'en préserve pas moins un grand nombre contre les vils excès et la crapuleuse débauche. Que la criminalité juvénile se soit accrue, que le monde des apaches se recrute pour beaucoup parmi les jeunes gens, c'est encore possible ; mais n'oublions pas que la fréquentation scolaire est fort défectueuse, par l'inapplication de la loi de 1882 ; la gent interlope se recrute, sans nul doute, parmi ces êtres qui ont passé leurs premières années dans la paresse, l'oisiveté et la fréquentation inexcusable de la rue et de l'ignominie.

Tout au contraire, l'institution des amicales dans les écoles, avec leurs séances instructives et récréatives, les conférences sur les sujets les plus variés agrémentées de projections parfois ; la création de patronages créant entre éducateurs et jeunes gens des liens plus fréquents et plus intimes ; les connaissances acquises par la conversation et la lecture des ouvrages de bibliothèques, excitant la curiosité au pont de vue géographique, artistique, économique ou autre, curiosité que permettent de satisfaire la bicyclette, l'automobile, les voyages collectifs à prix extrêmement réduits ; la multiplicité des exercices sportifs et des jeux aujourd'hui en usage : tout cet ensemble d'innovations ou de retours à des pratiques anciennes a eu pour résultat d'éloigner la jeunesse du cabaret.

Ainsi donc, malgré les défections regrettables signalées çà et là (et pricipalement dans les centres ouvriers) qui jettent quelque découragement dans le cœur de maîtres dévoués, m'appuyant sur les déclarations satisfaisantes parties de tous les coins du pays en nombre très respectable, j'affirme que *les efforts déployés à l'école ne l'ont pas été en pure perte ;* il est équitable d'admettre que la sobriété a fait des progrès réels, en France, depuis quelques années, malgré le doute émis par M. le docteur Bertillon.

A mesure que nos jeunes gens, plus sobres désormais comme nombre, deviendront chefs de famille ; à mesure que leurs jeunes femmes, mieux éclairées sur leur rôle de ménagères, sauront entretenir leur intérieur de manière plus heureuse, élever normalement leurs enfants et s'en faire respecter, la tempérance reprendra au foyer familial plus uni et plus vivant la place qu'elle n'aurait jamais dû y perdre.

Est-ce à dire que ces résultats soient suffisants ? Nullement. Comment les rendre plus tangibles et plus rapides ? par l'exécution formelle d'un certain nombre de décisions à prendre, décisions renfermées dans l'ensemble des *desiderata* qui suivent, non moins formellement exprimés par les maîtres consultés.

Une **action législative** *énergique doit seconder l'action* **éducatrice** *des maîtres à l'école.* (MM. les recteurs.)

IV

DESIDERATA

Ces *desiderata* sont présentés de la manière suivante :

A. — *Desiderata* d'ordre législatif ;
B. —   *id.*   d'ordre économique ;
C. —   *id.*   d'ordre social ;
D. —   *id.*   d'ordre éducatif.

A. — DESIDERATA D'ORDRE LÉGISLATIF

I. — *Mesures concernant l'intempérant et le débitant.*

1° Appliquer intégralement et rigoureusement la loi du 23 janvier 1873.

Y ajouter un article 3 *bis* : Tout individu reconnu alcoolique invétéré par une commission cantonale nommée par le préfet (commission composée du juge de paix, de trois médecins et d'une personne notable de chaque commune du canton), toute personne ayant ruiné sa famille par ses excès alcooliques, seront déchus de leurs droits civils et politiques ;

2° Exiger un certificat de tempérance de toute personne qui sollicite un emploi de l'Etat ; appliquer l'article 2 de la loi du 23 janvier 1873, dès la première contravention, à tout fonctionnaire surpris en état d'ivresse manifeste dans les endroits publics ; prononcer la révocation du même fonctionnaire en cas de récidive ;

3° Punir, avec circonstances aggravantes, toute personne qui aura commis un délit ou un crime, en état d'ivresse ;

4° Punir d'une amende de 1 à 5 francs inclusivement le père ou le tuteur d'un enfant mineur surpris une première fois en état d'ivresse ; l'amende sera portée de 16 à 300 francs pour le cas de première récidive ; dans le cas de nouvelle récidive, le mineur sera interné pour une période déterminée dans un asile spécial. (Maisons de relèvement à créer) ;

5° Modifier l'article 2 de la loi du 17 juillet 1880 de la manière suivante : — cette déclaration sera faite à la mairie de la commune où le débit doit être établi, et à la préfecture ;

6° Appliquer l'article 6 de la même loi, en n'accordant l'autorisation d'ouvrir un débit qu'à des tenanciers de moralité irréprochable, reconnue après enquête du procureur de la République, et après avis favorable du préfet.

Y ajouter un article 6 *bis* : Toute fonction publique (conseiller municipal, adjoint, maire, député, sénateur, délégué cantonal, membre du bureau de bienfaisance, garde champêtre, etc., etc.), est interdite à un débitant.

II. — *Mesures concernant les débits.*

7° Modifier la loi du 17 juillet 1880 en retirant aux maires et en attribuant aux préfets le pouvoir : d'autoriser l'ouverture d'un débit nouveau (art. 2) ; de déterminer la distance minimum à laquelle les cafés et débits de boissons pourront être établis par rapport aux édifices publics énoncés dans l'article 9.

Y ajouter les termes : usines et ateliers ;

8° Fermeture rigoureuse des débits à l'heure réglementaire fixée par l'autorité municipale et interdiction absolue des permissions de la nuit (les raisons invoquées pour solliciter ces permissions sont souvent fictives et d'ailleurs aucune d'elles n'est justifiable (1) ;

9° Limitation du nombre des débits de boissons (et de tabac. Question connexe).

a) Adopter le projet de loi Siegfried-Béranger limitant le nombre des débits par voie d'extinction.

Proposition particulière. — Dans les petits villages, il ne devrait y avoir qu'un seul débit pour recevoir les voyageurs ; dans les villages de 300 à 800 habitants, 2 débits seraient aux deux extrémités de la commune, véritables maisons de refuge et d'hospitalité.

Ces établissements seraient déclarés d'utilité publique et l'Etat les délivrerait par adjudication. (Une institutrice de la Haute-Savoie.) ;

b) Abolir formellement tous les débits clandestins et tous ceux où se vendent des spiritueux à bon marché ;

(1) Certains maîtres demandent la fermeture des débits le dimanche et les jours d'élection.

« La loi sur le repos hebdomadaire fermant, le dimanche, le magasin, l'usine et l'atelier, a-t-elle pour objet d'accorder à l'ouvrier le repos légitime ? Si oui, elle doit avoir comme corollaire la fermeture, ce jour-là, de tous les débits de boissons.

« A chaque consultation du suffrage universel, tous les cafés devraient être fermés ; le vote ne pourrait ainsi qu'y gagner en moralité et les électeurs en dignité. »

c) Interdire la vente des alcools par les épiciers, soit à domicile, soit en faisant la livraison de leurs marchandises dans les campagnes et même en pleine campagne (débitants ambulants) ;

d) Créer des établissements hygiéniques (cafés de tempérance) dans toutes les communes de France, avec subvention de la commune, du département et de l'Etat, pendant les deux premières années ; il n'y serait vendu aucune boisson distillée.

Le nombre de ces établissements, proportionnel au chiffre de la population, ne saurait être inférieur à 1 par 400 habitants ;

e) Créer aux environs des grandes villes (comme à Zurich, par exemple) des établissements particuliers avec parc, où l'ouvrier trouverait avec sa famille, aux jours de repos, des distractions variées, des repas à bon compte sans boissons alcooliques.

III. — *Mesures concernant les matières vendues.*

10° Interdire la fabrication, la circulation et la vente de l'absinthe, sinon la surtaxer considérablement ainsi que tous les liquides alcooliques distillés, de manière à en rendre l'acquisition à peu près impossible aux classes pauvres ;

11° Abolir le privilège des bouilleurs de cru (l'effet de cette abolition avait été excellent et les instituteurs regrettent son rétablissement) ;

12° Monopole de la fabrication et de la vente des alcools par l'Etat. (Une quantité limitée en serait délivrée pour la consommation, après avis favorable d'un médecin expert ; le reste serait dénaturé pour les usages industriels.)

Mainmise de l'Etat sur tous les appareils à distillation et surveillance rigoureuse des fabriques de ces appareils ;

13° Répression sévère de la fraude ;

14° Imposer aux débitants une patente fixe de :
200 francs pour une commune de 0 à 500 habitants ;
300 francs pour une commune de 501 à 1,000 habitants ;
400 francs pour une commune de 1,001 à 2,000 habitants, etc.

Plus, pour tout débitant vendant de l'absinthe et autres produits très nocifs, une contribution spéciale de :
50 francs pour les communes de 0 à 500 habitants ;
100 francs pour les communes de 501 à 1,000 habitants ;
200 francs pour les communes de 1,001 à 2,000 habitants, etc.

Diminuer, au contraire, la patente des débitants ne vendant aucune boisson distillée ;

15° Ne plus admettre les spiritueux aux expositions et ne plus en décorer les fabricants. (On demande à l'instituteur de lutter contre l'alcoolisme et on tolère, on encourage les moyens qui y conduisent ! Décorer les distillateurs, n'est-ce pas un non-sens, une ironie ?) ;

16° Contraindre les débitants à vendre les spiritueux sous leur vrai nom d'origine (ne plus tolérer le terme : liqueur de fantaisie, qui favorise incroyablement la fraude) ;

17° Interdire l'affichage des réclames de spiritueux.

Remarque. — Aucune substance spiritueuse ne devrait être livrée à la consommation publique sans avoir été soumise au contrôle du conseil supérieur d'hygiène, qui en ferait connaître la composition et le degré de nocivité d'après une échelle à établir.

IV. — *Mesures concernant la police des débits.*

18° Interdire l'entrée des débits aux mineurs de moins de seize ans (de dix-huit ans, réclament certains maîtres) ;

19° Interdire l'emploi des bonnes, pour servir dans les débits ;

20° Accorder une prime aux gardes champêtres et aux gendarmes pour chaque procès-verbal dressé contre tout individu en état d'ivresse dans les lieux publics (afin d'inciter ces agents de la force publique à faire tout leur devoir) ;

21° Instituer des brigades volantes d'agents cyclistes chargés : de surveiller les débits autorisés ; de réagir énergiquement contre les débits clandestins, même et surtout dans les localités éloignées du siège de la gendarmerie ; d'empêcher la contrebande aux frontières. (On ne peut, accusent les instituteurs, compter sur les gardes champêtres soucieux de se créer le moins d'ennuis possible de la part des populations, soumis d'autre part à l'autorité des maires qui cherchent à conserver leur popularité par des moyens même douteux) ;

22° Supprimer purement et simplement tout débit dont le tenancier a encouru quatre contraventions ;

23° Modifier le décret du 24 décembre 1907 en supprimant l'embarquement d'alcool de consommation à bord des navires. — Seul le vin ou toute autre boisson fermentée pourra être autorisée dans les conditions imposées par le dit décret ;

24° Les dettes contractées au cabaret sont entachées de nullité devant les tribunaux.

B. — DESIDERATA D'ORDRE ÉCONOMIQUE

(Usines et ateliers.)

25° Instituer, pour les usines et ateliers, un règlement général y prohibant l'introduction d'alcool de consommation. Des peines sévères seraient infligées aux patrons et aux ouvriers reconnus coupables d'infraction à ce règlement.

Les inspecteurs du travail seraient chargés de ce contrôle ;

26° Supprimer les cantines patronales à l'entrée des usines (ou, tout au moins, y interdire la vente de boissons distillées ; régler à trois quarts de litre par jour, au maximum, la quantité de vin qui pourra être vendue à chaque ouvrier — ou 1 litre de cidre ou de bière).

Des emplacements gratuits devraient être accordés, dans les centres ouvriers, aux kiosques ou roulottes ne vendant, comme liquides, que des boissons hygiéniques sans alcool ;

27° Renvoyer de l'usine ou de l'atelier, pour trois jours, tout ouvrier surpris une première fois en état d'ivresse ; le renvoi sera de huit jours pour une deuxième contravention ; définitif, pour la troisième contravention ;

28° Les employeurs accorderont une prime mensuelle aux ouvriers ayant accompli leur travail régulièrement, afin de les encourager à la sobriété ;

29° Instituer des conférences d'hygiène obligatoires dans les usines et ateliers ;

30° Provoquer la création de sociétés antialcooliques (ou de sections d'adultes de la Ligue nationale) réunissant patrons, chefs d'usine ou d'ateliers et ouvriers tempérants ;

31° Encourager, par des prix annuels, les inventions propres à assurer l'extension de l'emploi de l'alcool comme combustible ou ingrédient industriel.

C. — DESIDERATA D'ORDRE SOCIAL.

I. — *Sauvegarde de l'enfant et de l'adolescent.*

32° Donner un large développement aux œuvres d'hygiène infantile : consultation de nourrissons, inspection médicale gratuite dans les écoles (par application de la loi du 30 octobre 1886 (ch. II, art. 9) et du décret du 18 janvier 1887), bains-douches établis partout où cela est possible, etc. ;

33° Instituer en pleine campagne des maisons d'éducation destinées à recevoir les enfants dont les parents ont été déclarés indignes par leur intempérance, leur mauvaise conduite, etc. ;

34° Infliger de fortes amendes aux employeurs qui utilisent des enfants d'âge scolaire pendant la durée des exercices scolaires. (Les inspecteurs du travail sont chargés de ce contrôle) ;

35° Favoriser la création de sociétés protectrices des adolescents, destinées à préserver ces derniers contre la brutalité et les tentations de débauche de leurs aînés. (Les amicales peuvent beaucoup à ce sujet si on les oriente dans une telle voie) ;

35° *bis.* Modifier les lois de 1900 et 1902 sur le *travail des mineurs*, en vue de supprimer le régime d'exception sous lequel se trouvent placés les patrons occupant les apprentis, vis-à-vis de ceux de leurs collègues qui, gênés par les dispositions légales, ont congédié leurs apprentis ;

35° *ter*. Imposer aux patrons l'obligation de former des apprentis, ou frapper ceux qui s'en abstiendraient d'une taxe spécialement affectée à l'entretien des cours à l'usage des apprentis ;

36° Infliger des peines rigoureuses : aux débitants livrant aux enfants de l'alcool à emporter ; aux parents qui chargent leurs enfants d'une telle mission.

II. — *Sauvegarde de la femme et du foyer.*

37° Une notice antialcoolique devrait être insérée dans le livret de famille remis aux jeunes époux le jour de leur mariage. Un livre de puériculture devrait être offert à la jeune femme dans la même circonstance ;

38° La femme ne doit pas être un outil social dans les usines, mais demeurer bonne ménagère à la maison ; il convient donc d'organiser le travail en vue de conserver la femme à son foyer ; favoriser, en attendant, la création de cantines ouvrières hygiéniques et économiques où la famille ouvrière puisse se procurer une alimentation saine et d'un prix modique.

a) Faciliter l'achat (ou organiser le prêt) de machines aux bonnes ouvrières qui exerceraient chez elles leur métier ;

b) Edicter une loi fixant à quatre heures au maximum par jour le temps accordé au travail des femmes au dehors quand elles ne le peuvent accomplir au foyer domestique (employées, fonctionnaires, certaines ouvrières) ;

c) Instituer des concours annuels de tenue du ménage avec prix en nature (meubles, ustensiles de ménage, etc.) ;

30° Interdire au mari de s'emparer du salaire de sa femme pour le dépenser au cabaret.

III. — *Sauvegarde de l'homme et du foyer.*

40° Etudier un projet de création, au voisinage des centres ouvriers, de cités ouvrières comprenant un ensemble d'habitations avec jardin dont l'ouvrier pourrait devenir propriétaire par des retenues opérées sur son salaire hebdomadaire ou mensuel.

a) Instituer des concours annuels de bonne tenue des jardins ouvriers avec prix en nature ;

b) Hâter le vote du projet de loi relatif à la constitution d'un bien de famille insaisissable.

(Ainsi le père de famille et l'ouvrier de situation modeste s'attacheront davantage à leur foyer qu'ils ne déserteront pas pour le cabaret) ;

41° Etudier la question de l'exode du paysan vers les villes et chercher les moyens d'y parer ;

42° Relever sur les registres de la recette buraliste, dans chaque commune, la quantité d'alcool absorbée dans l'année, le montant des droits payés et le prix de revient aux consommateurs ; en imposer l'affichage à la porte de tous les édifices publics de la commune avec punition sévère à toute personne qui aura lacéré (ou tenté de lacérer) ces affiches.

L'instituteur fera copier cette affiche sur une feuille spéciale, par les élèves qui s'efforceront de la rendre toujours visible chez eux.

Exemple :

Dans la commune d'*Elliant* (3,993 habitants),

il se boit annuellement

14,000 litres d'alcool à 90°

(alcool distillé seulement)

pour lesquels on paye environ

32,000 fr. de droits

et qui reviennent aux consommateurs

à plus de **70,000 francs.**

Le receveur buraliste,   *le Maire,*
          X.   X.

Elliant, commune du Finistère (1).

43° N'accorder aux indigents (et aux seuls indigents tempérants) que des secours en nature et supprimer radicalement tout secours en argent. Rayer les ivrognes, les alcooliques, des listes d'assistance médicale gratuite et du bureau de bienfaisance ;

44° Faire une enquête sérieuse à l'égard des personnes qui sollicitent l'assistance, les pensions de retraite anticipées ; confier les œuvres de bienfaisance et d'assistance à des commissions spéciales neutres en matière politique et religieuse, et non aux municipalités ;

(1) L'application de cette mesure par l'instituteur dans la commune en question, a produit sur la population une salutaire émotion.

45° N'accorder aux mutualistes aucun secours pour maladies et blessures causées par l'inconduite et l'intempérance.

D. — DESIDERATA D'ORDRE ÉDUCATIF

46° Donner une éducation soignée et une instruction antialcoolique très étendue aux élèves des grandes écoles et spécialement à ceux des écoles normales primaires. — Les instituteurs devraient faire partie d'une ligue antialcoolique ;

47° Compléter l'enseignement antialcoolique à ces écoles par des visites aux asiles où sont entretenus les aliénés, les enfants idiots, rachitiques, micro-macro- ou hydrocéphales, etc., dont les tares sont dues à l'alcoolisme, aux excès des parents ;

48° Prolonger autant que possible le séjour des maîtres dans leurs communes respectives, afin qu'ils y acquièrent une grande autorité morale, favorable à l'évolution de la population vers un état meilleur, tant moral qu'intellectuel ;

49° Assurer la fréquentation scolaire à l'école primaire par une application rigoureuse de la loi du 28 mars 1882 ;

50° Stimuler le zèle des commissions scolaires chargées de veiller à cette fréquentation ;

51° Prolonger l'âge scolaire jusqu'à quatorze ans et n'accorder aucune dispense aux enfants qui auraient le certificat d'études avant cet âge ;

52° Augmenter la valeur du certificat d'études primaires en lui donnant une sanction sérieuse (par exemple, l'exiger : du soldat pour devenir caporal ou gendarme ; du candidat aux fonctions de cantonnier, garde champêtre, facteur rural, etc.) ;

53° Introduire dans l'examen du certificat d'études primaires une interrogation portant : sur l'hygiène et l'antialcoolisme, pour les garçons ; sur l'hygiène, la puériculture, l'antialcoolisme et l'enseignement ménager, pour les filles ;

54° Exiger des communes l'entretien convenable des locaux scolaires, du mobilier, du matériel d'enseignement, de tableaux, gravures et maximes antialcooliques, destinés à faciliter les leçons du maître ;

55° Vulgariser par l'affiche les notions scientifiques sur l'alcool et ses méfaits ;

56° Disposer *obligatoirement* un tableau antialcoolique démonstratif dans les salles de mairie, de justice de paix, dans les halles, les bureaux de poste et de tabac, sur les édifices publics, dans les gares, etc. Punir d'une amende importante tout individu qui aura lacéré ou tenté de lacérer ces affiches ;

57° Supprimer le certificat de premier ordre dans les écoles de filles, afin que les certifiées de deuxième ordre consacrent leur dernière année d'école au français, à l'économie domestique, à l'hygiène, aux travaux pratiques du ménage pour lesquels les municipalités seraient tenues de fournir le matériel nécessaire ;

58° Donner une sanction à l'enseignement ménager par un examen spécial pour les filles à la fin de leur scolarité portée à quatorze ans ;

59° Instituer des bibliothèques cantonales avec roulement conformes aux développements donnés dans le rapport. Enrichir ces bibliothèques en ouvrages sur l'alcoolisme, l'économie ménagère, l'hygiène, l'agriculture, etc., à l'aide d'un crédit annuel obligatoire pour chaque commune (crédit dont le quantum reste à déterminer) ;

60° Rendre les cours d'adultes obligatoires, parfaitement organisés et régulièrement rétribués. L'obligation a lieu : pour les garçons, jusqu'à leur départ pour le service militaire ; pour les jeunes filles, jusqu'à l'âge de dix-huit ans ou jusqu'à leur mariage s'il a lieu avant cet âge ;

61° Réduire la durée des classes à cinq heures par jour pour permettre aux maîtres de préparer leur cours d'adultes réorganisé et leurs œuvres postscolaires diverses.

a) Ou bien remplacer la classe du samedi après-midi par une séance obligatoire aux adolescents de treize (ou quatorze) à vingt ans ; ces derniers, apprentis ou employés par les patrons à des titres divers, auraient néanmoins leur demi-journée payée ;

b) Appel serait fait aux ingénieurs, industriels, agriculteurs, médecins, chefs-comptables, etc., pour faire périodiquement quelques conférences spéciales aux élèves de ces cours du samedi. (Sorte d'enseignement professionnel général.) ;

c) Tout chef d'établissement, dans le contrat intervenant entre lui et ses ouvriers, devrait faire figurer comme clause que tout ouvrier âgé de moins de vingt ans est astreint, sous peine de renvoi, à suivre au moins les cours d'instruction populaire ;

d) Un instituteur spécial serait nommé par canton pour s'occuper, avec les instituteurs des diverses communes, de l'organisation des cours et des conférences aux adultes ; il serait chargé d'une partie de ces cours et d'un certain nombre de conférences annuelles ;

e) Créer des *écoles* ou des *cours de préapprentissage*, dans les villes ou bourgs où cela sera nécessaire, pour les jeunes gens de treize à quinze ans destinés à devenir des artisans.

Les élèves y recevraient une éducation technique et une initiation manuelle sérieuses les préparant à un métier déterminé. Les cours y auraient lieu de huit heures à onze heures du matin et d'une heure à six heures du soir ; une heure au moins par jour y serait consacrée à l'éducation intellectuelle ;

62° Le médecin inspecteur des écoles devrait faire périodiquement aux enfants des écoles des leçons sur l'hygiène et l'alcoolisme, propres à fortifier l'enseignement des maîtres ;

63° Les municipalités seront tenues d'entretenir une salle chauffée et éclairée pourvue d'une bibliothèque, pouvant servir de salle de conférences, de réunions, de lecture (sorte de cercle populaire) ; y serait annexé un emplacement pour les jeux, les exercices de tir, de gymnastique, de musique, etc. ;

64° Doter, sinon chaque commune, du moins les communes les plus importantes et les chefs-lieux de canton, d'appareils à projections pour conférences.

65° Instituer des *écoles de cuisine populaire* dans les villes, des *cours de cuisine pratique* dans toutes les écoles de filles des campagnes. (Les municipalités sont tenues de fournir une salle spécialement aménagée, avec le matériel nécessaire, pour toutes les parties de l'enseignement ménager) ;

66° Doter chaque jeune fille, sortant de l'école, d'un bon livre d'enseignement ménager ;

67° Une subvention annuelle obligatoire serait accordée par les municipalités aux maîtresses d'enseignement ménager : pour l'achat d'étoffes et de pièces de lingerie, leur permettant de faire préparer, par leurs élèves de l'école du jour et des cours d'adultes, des vêtements et du linge distribués aux enfants pauvres des ménages tempérants ; pour rétribuer une femme active et intelligente chargée du service de la cantine ;

68° Récompenser, sous forme de livrets de caisse d'épargne de 5 à 10 francs (ou de bons de vêtements de même valeur pour les enfants pauvres), fournis par la caisse des écoles une fois par an, les enfants dont la conduite aura été exemplaire au point de vue de la tempérance durant toute l'année. (Une commission de 5 membres, dont l'instituteur et l'institutrice, sera nommée à l'effet de désigner les lauréats) ;

69° Récompenser de même manière les garçons et filles adultes tempérants qui auront fait preuve, durant l'année, d'assiduité et d'application remarquables aux cours d'adultes ;

70° Favoriser la création de sociétés de tempérance (sections cadettes et sections d'adultes, affiliées, par exemple, à la Ligue nationale contre l'alcoolisme) ;

71° Instituer annuellement une *fête de la tempérance* (v. page 88) dans chaque commune, ou tout au moins dans chaque chef-lieu de canton, où seront distribuées solennellement les récompenses dont il est parlé plus haut (68° et 69°) ;

72° A leur entrée au régiment, réclamer aux recrues le certificat d'assiduité aux cours d'adultes qui permettra aux officiers de reconnaître plus rapidement les bons soldats et de leur accorder quelques faveurs spéciales (à définir) ;

73° Sur les listes de recrutement des jeunes gens appelés au service militaire, mentionner ceux d'entre eux qui font partie d'une société antialcoolique ;

74° Insérer une notice antialcoolique dans les livrets militaires ;

75° Instituer à la caserne des cours réguliers (causeries tout au moins) sur l'hygiène et l'alcoolisme :

76° Supprimer toutes boissons spiritueuses dans les cantines des régiments et les remplacer par du vin, du cidre ou de la bière, dont la proportion délivrée à chaque homme journellement ne pourra dépasser un demi-litre pour le vin, un litre pour le cidre ou la bière (Infliger quinze jours de prison à tout individu coupable d'infraction à cette interdiction) ;

77° Infliger à tout soldat surpris en état d'ivresse la privation de permission durant trois mois. Prolonger le séjour à la caserne, pour tout homme intempérant (son temps de service normal terminé) d'autant de semaines qu'il aura été surpris de fois en état d'ivresse pendant la durée de son service militaire :

78° Même prolongation pour un temps déterminé sera infligée à tout homme illettré, à la fin de son service.

79° L'Etat ne devrait pas faciliter la consommation du tabac dans les casernes, en l'y donnant aux soldats pour un prix modique ; (habituant le soldat à fumer, en l'y encourageant, il l'incite en même temps à boire) ;

80° Inviter les journaux à consacrer une colonne spéciale, au moins deux fois par semaine, à l'alcoolisme sous le titre : « Chronique de l'alcool », à y rassembler tous les méfaits saillants commis sous l'empire de l'alcool et de l'absinthe, à les commenter de façon saisissante pour le lecteur ;

81° Rendre un arrêté ministériel spécial attribuant

aux maîtres des écoles primaires des récompenses pour les enseignements antialcoolique et ménager.

PROJET D'ARRÊTÉ

ARTICLE PREMIER. — Il sera tenu compte, désormais, aux instituteurs et institutrices, pour leur avancement et les récompenses, des efforts qu'ils auront déployés en vue de la propagation des enseignements antialcoolique et ménager, en faveur de la constitution des sociétés scolaires de tempérance.

ART. 2. — Les récompenses attribuées de ce fait par M. le ministre de l'Instruction publique sur la proposition de la Ligue nationale contre l'alcoolisme (voir art. 6 et 7) aux instituteurs et aux institutrices, seront mentionnées au *Bulletin officiel* et prendront place dans le dossier des intéressés.

ART. 3. — En dehors des lettres de félicitations et d'encouragement adressées aux maîtres qui font preuve de dévouement à la cause antialcoolique, le nombre des récompenses dont il s'agit à l'article 2 est fixé annuellement ainsi qu'il suit :

100 mentions honorables ;

25 médailles de bronze ;

15 diplômes d'honneur ;

10 médailles d'argent ;

ART. 4. — Il sera accordé, en outre, des rappels de mentions, de diplômes d'honneur et de médailles.

ART 5. — Nul ne pourra obtenir la médaille de bronze ou la médaille d'argent s'il n'a obtenu antérieurement la récompense qui précède immédiatement celle pour laquelle il aura été proposé.

ART. 6. — Les propositions de récompenses, dans chaque département, seront établies par M. l'inspecteur d'Académie et adressées au ministère de l'Instruction publique.

Art. 7. — La liste générale des lauréats sera dres
sée par une commission spéciale de la Ligue nationale contre l'alcoolisme, présidée par un inspecteur
général délégué du ministre de l'Instruction publique.

CHARAIRE
IMP
SCEAUX